종교 개혁의 햇불을 든
마틴 루터

Copyright ⓒ 2016 by Catherine Mackenzie
Originally published in English under the title

Reformation Fire

published by Christian Focus Publishing, Inc.,
Geanies House, Fearn, Tain, Ross-shire, IV20 1TW, Scotland, U.K.
All rights reserved.

Korean Edition
ⓒ 2017 by Precept Ministries Korea
8-1, Cheongnyongmaeul-gil, Seocho-gu, Seoul, Korea

종교 개혁의 횃불을 든

마틴 루터

캐서린 맥켄지 지음 | 박상현 옮김

묵상하는사람들
프리셉트

복음에는 하나님의 의가 나타나서
믿음으로 믿음에 이르게 하나니
기록된 바 오직 의인은 믿음으로 말미암아
살리라 함과 같으니라

로마서 1:17

차례

1. 여름 폭풍 8
2. 교육, 교육, 교육 20
3. 추기경들의 배 32
4. 저녁을 위한 노래 44
5. 또 하나의 폭풍 58

6. 두려움, 믿음 그리고 용서 72
7. 악마의 현혹 86
8. 늑대, 망치 그리고 분쟁 100
9. 라이프치히 논쟁 114
10. 파면, 그러나 계속되는 출판 124

11. 보름스 회의 134
12. 감금되지 않은 감금 144
13. 화목한 가정 158

더 생각해 보기 180
마틴 루터 당시 지도 185
사실 기록 186
루터의 인용문 190
마틴 루터 연대표 194

 # 여름 폭풍

작고 다부진 7살 소년이 창가에 앉아 있었다. 그날은 숨이 턱턱 막힐 정도로 덥고 습한 날이었다. 저 멀리 산과 숲이 보였고, 금방이라도 비가 쏟아질 것만 같았다. 여름 폭풍이 오기 딱 좋은 날씨였다.

하늘이 어두워지기 시작하면서 어린 마틴 루터 Martin Luther는 마을 저편에서 우르릉거리는 소리를 들었다. 겁이 난 루터는 그 소리를 어른들이 일하고 계신 광산이나 제련소에서 나는 소리라고 생각하며 잊으려고 노력했다. 그러나 루터는 사실 그 소리가 한여름이면 습한 날씨와 함께 찾아오는 정체 모를 소리라는 것을 알고 있었다.

폭풍이 근처 계곡을 지나자 천둥이 치기도 전에 번개가 번쩍였다. 루터는 몸을 부르르 떨었다. 폭풍이 이쪽으로 오고 있는 것이 분명했다. 루터가 살고 있던 만스펠트Mansfeld 지역은 폭풍이 오기 전부터 안개에 잘 잠기곤 했다.

창문 밖으로는, 루터의 고향인 작은 광산 마을이 한눈에 보였다. 빨간색 지붕들과 나무로 지은 건물들이 있었고, 저 멀리에는 튼튼한 담장이 그 지역 전체를 둘러싸고 있었다. 담장은 마을을 보호하고 있었는데, 당시 마을과 도시들은 다른 나라와 침략자들로부터 스스로를 지켜야만 했다. 루터가 살았던 나라는 독일Germany이었지만, 이것은 지금의 독일을 말하는 것이 아니었다. 당시 독일은 수많은 지역으로 나눠져 있었으며, 지역마다 자신의 군대로 자기 영토를 통치하는 제후(일정한 영토를 다스리는 계급)들이 있었다.

제후들은 자신의 지역을 적으로부터 지키기 위해 마을과 도시들을 요새처럼 만들었다. 하지만 루터는 그것이 과연 천둥과 번개로부터 자신을 보호해 줄 수 있을지 궁금했다.

****

루터의 어머니 마가레테 루터Margarethe Luther는 두려움을

느낄 때면 항상 기도해야 한다고 말씀하셨다. 하지만 루터는 정확히 누구에게 어떻게 기도해야 하는지 잘 몰랐다. 신부님들은 동정녀 마리아와 수많은 성인(가톨릭에서 신앙의 모범으로 공경하도록 공식 선언된 인물)에게 기도했다. 하지만 루터의 어머니와 아버지는 하나님께 기도를 드렸다. 수도사들과 신부님의 기도와는 다르게 독일어로 된 간단한 기도였다. 바로 그때, 엄청나게 큰 천둥이 울렸고 어린 루터는 마리아와 알고 있는 모든 성인 그리고 하나님께 동시에 기도하려고 애썼다. 혼란스럽고 두려웠던 루터는 누구라도 자신의 기도를 듣고 도와주기를 바랐다.

폭풍이 점점 가까이 다가왔다. 루터는 코를 킁킁거리며 상쾌한 소나무 숲의 향기, 그리고 잘 가꿔진 정원에서 풍겨오는 양귀비꽃 향기와 사과꽃 향기 같은 익숙한 냄새에 온 신경을 집중하려고 노력했다. 하지만 그 어느 것도 다가오는 폭풍을 잊어버리게 할 수 없었다. 폭풍에는 항상 루터를 벼랑 끝으로 모는 뭔가가 있었다.

"용감해지자!" 루터는 자신에게 큰 소리로 말했다.

하지만 루터는 천둥과 번개 앞에서 용감해질 수 없었다. 그때 갑자기 번개가 번쩍하며 칠흑같이 어두운 하늘을 가로질러 주변을 환하게 밝혔다. 루터는 겁에 질려 후다닥 일어났다. 바로 그때, 어머니의 부드러운 목소리가 루터를 감쌌다.

"항상 여름날이면 이런 일이 생긴다는 걸 알고 있잖니, 사랑스러운 루터."

루터는 그제서야 창문 바깥에서 벌어지는 무시무시한 일에서 고개를 돌려 신중하고 정직해 보이는 어머니의 얼굴을 바라봤다. 미소 짓느라 높이 솟은 광대뼈는 어머니가 좋은 가정 교육을 받았다는 사실을 보여 줬다. 하지만 얼굴에서 빛나는 땀은 고된 일을 한다는 증거였다. 어머니는 루터가 잘못했을 때 엄하게 훈육하셨지만, 평소에는 자주 루터에게 사랑한다고 얘기해 주셨고 루터가 잠들기 전에는 입맞춤을 해 주셨다.

"왜 그렇게 폭풍을 무서워하니?" 어머니가 물으셨다.

"폭풍이 다가오는 모습을 보고 천둥소리를 들으면 심장이 밖으로 튀어나올 것만 같아요…." 루터가 머뭇거리다가 말했다.

루터의 대답에 어머니가 웃음 지으셨다. 하지만 어머니는 사실 섬세한 감성을 지닌 어린 아들에 대해 약간은 걱정스러워 하셨다. 루터는 한 번도 가 본 적 없는 숲이나 세계를 상상할 수 있을 정도로 상상력이 풍부했다. 그렇지만 오늘처럼 폭풍이 치는 날에는 그리 유익하지 않았다.

어머니는 어린 아들을 꼭 끌어안아서 무릎 위에 앉히셨다. 어머니가 이렇게 루터를 안아 줄 수 있는 시간이 많지 않았다. 만스펠트의 아이들은 어느 정도 나이가 되면, 광산에서 일하거나 학교에서 공부를 해야 했기 때문이다.

어머니는 첫째 아들인 루터가 공부를 해서 지식이 있는 사람이 되기를 원하셨다.

'루터의 명석함과 지식에 대한 열정은 확실히 다른 소년들과

는 달라.'

그때, 또 하나의 번개가 루터의 머리 바로 위로 내리쳤다. 루터는 어머니에게 더 가까이 달라붙었다. 어머니는 다시 한 번 루터의 이마에 부드럽게 입맞춤을 하고 웃으며 말씀하셨다.

"걱정하지 않아도 된단다, 루터. 이것도 곧 여름날의 추억이 될 거야. 네가 얼마나 아기같이 굴었는지는 아버지께 말씀드리지 않을게. 다만 하늘을 가르고 내리치는 번개의 힘과 이걸 지으신 창조주의 힘에 대해 생각해 보렴. 우리 하나님께서 날씨로 무엇을 하실 수 있는지, 그리고 너와 같은 단 한 사람의 삶으로 무엇을 하실지를 말이야."

루터는 하나님께서 겁쟁이 같은 자신을 통해 어떤 일을 하실지 알 수 없었다. 어느새 천둥은 잦아들어 가면서 소리가 점점 멀어져 갔다. 그리고 마침내 번개는 보이지 않았고, 천둥소리도 멈췄다.

"이제 모든 게 정상으로 돌아왔구나." 어머니가 루터를 바닥에 조심스럽게 내려놓으며 말씀하셨다. 그리고 선반에서 작은 가방을 꺼내 빵 두 조각과 사과 하나를 넣으셨다. "저녁 전에 분명히 배고파질 거야. 네 아버지도 역시 배가 고프실 거야. 루터 집안의 남자들은 모두 큰 위장을 가졌거든."

****

그쳐 가는 마지막 빗방울들을 막으려고 모자를 쓰자 루터의 창백한 얼굴에 서서히 혈색이 돌아오기 시작했다. 어머니께 손을 흔들어 인사하면서 어머니가 싸 주신 간식을 생각하자 루터는 기분이 좋아졌다. 모퉁이를 돌아 큰길로 들어서자, 그 지역에서 가장 바쁜 광산 마을 중 하나가 보였다.

루터의 아버지 한스 루터 Hans Luther 는 먼지가 가득한 광산에서 은과 구리를 파내면서 일생을 보내셨다. 루터의 부모님은 루터가 자신들보다 더 나은 삶을 살기를 원하셨다.

'아버지는 만스펠트에서 가장 바쁜 광부 중 한 분이시지.'

루터는 생각했다.

사실 이 말은 어머니가 루터와 동생들에게 여러 번 하신 말씀이었다. 루터의 어머니는 아버지를 자랑스러워하셨다. 루터와 동생들은 거무스름한 얼굴에 튼튼한 어깨와 매서운 눈빛을 한 아버지를 겁먹은 채 바라보곤 했다. 아버지는 더 나은 삶을 위해 뼈가 부서지도록 일하셨다. 광부는 돌이나 흙무더기가 사람을 한순간에 덮칠 수도 있는 곳에서 일하는 위험한 직업이었다. 게다가 경제적으로도 문제가 있어서 루터의 가정은 빚이 있었으며, 광산을 소유하지 못했기 때문에 생계를 위해서는 돈을 빌려야만 하는 악순환이 반복됐다.

하지만 어린 루터는 집안의 어려운 경제 상황에 대해서는 아직 알지 못했다. 루터의 부모님은 아이들이 구리 광산에서 일어나는 힘든 현실을 모르기 원하셨기 때문이다. 대신, 루터의 어머니는 항상 아이들에게 아버지가 얼마나 존경스러운 분이신지를 상기시키셨다.

****

루터는 지름길로 들어서서 딛고 설 만한 알맞은 돌을 찾은 후, 언덕의 경사면에 서서 거대한 연기를 뿜어내는 높은 굴뚝들을 바라봤다. 그 근처 광산은 쓰레기 더미들에 둘러싸여 있었다. 또 그 주변은 구리나 은을 캐기 위해 파헤쳐진 깊은 구멍들로 가득했다.

루터는 사과와 빵을 우적우적 씹으며 아버지를 찾아 지평선을 유심히 살폈다. 멀리서는 다부지고 건장한 그리고 조금은 건들거리는 걸음걸이의 광부들의 모습이 모두 똑같아 보였다. 하지만, 매번 루터는 많은 사람 사이에서 아버지를 찾아낼 수 있었다.

그날 오후도 마찬가지였다. 루터는 바로 한 남자를 찾아냈는데, 그 특유의 단단한 어깨가 루터의 아버지임을 말해 주고 있었다. 아버지가 손을 흔들자, 루터는 아버지를 향해 달려가 뛰어올랐다. 아버지는 루터를 높이 안아 올리며 말씀하셨다.

"내 아들 루터로구나!"

아버지는 루터를 자랑스러운 눈빛으로 쳐다보셨고, 어린 루터는 넓은 어깨와 구릿빛 피부의 아버지를 존경의 눈으로 바라봤다. 아버지는 아들에게서 명석함과 더 밝은 미래를 보셨고, 어린 루터는 아버지에게서 만스펠트에서 최고로 강인한 남자를 볼 수 있었다.

"참, 아버지! 어머니가 아버지 간식도 싸 주셨어요." 루터가 아버지 앞에 사과와 빵을 내놓으며 미소 지었다.

아버지가 과일을 크게 한 입 베어 무셨다. "아삭하고 달콤한 게 딱 내가 좋아하는 맛이야."

루터가 고개를 끄덕였다. "어머니는 아버지가 배고프실 거라고 하셨어요."

"너희 어머니는 좋은 사람이야." 아버지는 입에 음식을 한 가득 문 채로 말씀하셨다. "네 어머니는 내 식성을 내 얼굴만큼이나 잘 알지."

아버지는 집으로 돌아가는 길에 멀리 보이는 큰 성을 가만히 바라보셨다. 아버지가 돈을 벌기 위해 하는 모든 일은 저 성에 살고 있는 가문의 축복 또는 허락에서 오는 것이었다. 하지만 아버지는 아들 루터가 자신처럼 백작이나 귀족 앞에서 굽실거리지 않고 당당하게 살기 원하셨다.

"이 아이는 교수나 변호사가 돼야 해." 아버지는 혼자 중얼거리셨다.

그 말을 들은 루터는 궁금함에 아버지께 물었다. "아버지, 변호사가 뭐예요?"

아버지는 한숨을 내쉰 뒤, 어린 아들의 머리를 헝클어뜨리며 말씀하셨다. "네 어머니가 옳아. 만약 네가 변호사가 되려면, 아니 그게 아니라도 뭐든지 되려면 너에겐 교육이 필요할 거야."

루터는 의아한 눈빛으로 아버지를 바라보며 생각했다. '아버지와 어머니가 말씀하셨다면, 그건 분명 맞는 말일 거야.'

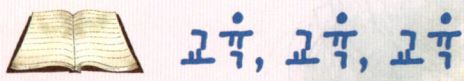 교육, 교육, 교육

"다녀왔습니다!" 루터는 아버지와 함께 낡은 나무문을 열고 따뜻하고 연기가 서린 부엌으로 들어서며 외쳤다.

어머니는 냄비 속 스튜를 저으며 말씀하셨다. "루터, 처마 밑에서 소나무 가지를 좀 더 가져오렴. 아침까지는 이 요리를 끝내야 해."

루터는 아버지가 부엌 의자에 힘없이 앉아 작업용 신발을 벗으시는 동안 밖으로 달려 나갔다.

"불쏘시개가 더 필요한 거요, 아니면 루터의 교육에 대해 의논하고 싶은 거요?" 아버지가 어머니의 곁으로 다가와 얼굴을 살피며 물으셨다.

어머니는 스튜를 맛보시더니 양념을 더 넣으며 말씀하셨다. "더 나은 교육이 필요하긴 해요, 여보. 하지만 우리에게 그럴 만한 충분한 돈이 있나요?"

아버지는 곧바로 대답하지 않고 잠시 생각에 잠기셨다. 부엌에서 타오르는 불꽃을 바라보는 아버지의 얼굴에 불안한 표정이 번졌다.

"우리 금고 상자에 있는 돈을 세어 봤소. 할 수 있는 건 뭐든지 해서 더 많이 모아야 할 거요."

어머니는 고개를 끄덕이셨다. 루터의 동생들도 생각해야 했다. 그들에게서 루터와 같은 학업적 가능성은 보이지 않았지만, 그 아이들에게도 무역이나 사업 등 미래를 위한 뭔가가 필요했다. 게다가 곧 루터의 동생이 태어날 예정이었다. 필요한 돈은 점점 늘어 가고 있었다.

"루터는 총명하고 보통 아이들보다 더 많은 가능성이 있소. 그 아이에게는 교육이 필요하오." 아버지는 전에도 몇 번이나 나눴던 그 말을 다시 꺼내셨다.

그때 어린 루터가 많은 나무를 지고 휘청거리며 부엌으로 들어오고 있었다. 아버지는 팔을 뻗어 냄비를 젓고 있는 어머니의 손을 잡고 "하나님께서 필요한 것을 다 채워 주실 거요" 하고 속삭이셨다.

루터는 '교육'이라는 단어를 얼핏 듣고서 물었다. "그럼 저는 군터Gunther와 함께 학교에 다니게 되는 건가요? 군터가 그러는데 선생님들이 아이들을 때리고, 또 아이들은 제 점심을 훔칠 거라고 했어요."

"흠." 루터의 어머니는 놀라지 않고 말씀하셨다. "군터는 항상 지어낸 말을 하지. 신경 쓰지 말거라. 그 애는 반에서 뛰어난 애가 아닌 게 분명해."

"저기, 여보." 아버지가 어머니를 조용히 부르시며 눈짓하셨다.

"알고 있어요." 어머니는 숨을 내쉬며 중얼거리셨다. 아버지가 이웃들에 대한 '표현'에 대해 얼마나 여러 번 주의를 주셨던가. "하지만 정말이에요. 그 아이들이 무슨 짓을 저지르는지 본 적 있나요?"

아버지는 어깨를 으쓱하고는 어머니에게 말씀하셨다. "군터가 루터처럼 십계명을 알고 있소? 모를 거라고 생각되는데. 왜, 지난주에 그 아이가 우리 정원에서 강낭콩 훔치는 것을 잡았잖소. 하지만 루터는 우리가 '도둑질하지 말라'는 십계명 말씀을 가르쳤기 때문에 도둑질하면 안 된다는 걸 알고 있소."

"저는 주기도문이랑 사도신경을 알고 있어요." 루터가 갑자기 끼어들며 말했다. 하지만 루터의 부모님은 금세 무서운 얼굴로 아이들은 어른들의 대화에 끼어들면 안 된다는 것을 상기시키셨다.

"감사 기도를 드리자." 아버지가 머리를 숙이며 양식 주심에 감사 기도를 드리셨다. 군터에 대한 언급은 이것으로 끝이었다.

하지만 루터는 친구 군터에게 들은 학교에서 받는 모든 체벌에 대해 여전히 궁금했다. 어머니는 사실이 아니라고 말씀하셨지만, 군터의 손에 있던 흉터는 너무도 선명했다. 군터가 아무리 장난꾸러기 소년이라고 해도 꽤 심각한 수준이었다.

****

그날 저녁 메뉴는 스튜 요리였다. 모두가 배부르게 먹을 수 있을 정도로 충분한 양이었다. 가족들이 식사를 마쳤을 때, 루터는 부모님이 늘 고해성사하러 가시던 것에 대해 생각하기 시작했다. 루터는 고해성사를 해 본 적이 없었기에 고해성사가 정확히 무엇인지 몰랐다. 루터가 아는 것은 사람들이 잘못한 일을 신부님에게 고백한다는 것이었다. 만약 고해성사를 하지 않으면, 죄를 용서받지 못한다는 것도 알고 있었다.

'조심하는 게 좋겠어.' 루터는 혼자 생각했다. '고해성사를

할 나이가 되면 용서받아야 할 죄가 너무 많아질지도 몰라.'

루터는 지난주에 저질렀던 나쁜 일들을 세기 시작하다가 월요일의 반도 세기 전에 그것들을 다 세는 건 불가능하다고 생각했다.

'신부님들은 매우 좋은 분들이야. 그분들은 전혀 죄를 짓지 않으실 거야.' 루터는 접시 바닥을 긁으며 계속해서 생각했다. '아버지는 하나님께서 자비로우시기 때문에 우리의 죄를 용서해 주신다고 말씀하셨어. 그렇다면 하나님은 내게도 자비로우실까?' 루터는 궁금했다. '내가 너무 나쁜 사람이라서 신부님이 내 죄를 다 고백하지 못하실지도 몰라. 어쩌면 나를 내쫓으실 수도 있지 않을까?'

어린 루터는 여러 가지 궁금한 것이 많았다. 루터의 부모님은 루터에게 옳은 것을 가르치려고 노력하셨지만, 그 당시에는 교회에서 잘못된 것들을 많이 가르치고 있었다. 그래서 루터에게도 잘못된 생각과 신념들이 생기기 시작했고, 루터가 자라 가면서 상황은 더 심해질 것이었다. 어떤 가르침은 그를

지혜롭게 했지만, 거짓 가르침도 있었다. 하지만 루터의 부모님은 진실한 마음으로 루터에게 그들이 알고 있는 하나님의 말씀을 가르치셨다.

식사가 끝나고 밤이 깊어질 즈음, 루터는 부모님과 함께 난롯가 옆에 앉았다. 어머니는 바느질을 하셨고, 아버지는 어린 루터를 가슴에 품고 말씀하셨다.

"루터, 나는 네가 배우는 것을 좋아한다는 걸 안단다. 네 어머니와 나는 그동안 최선을 다해 너를 가르쳤단다. 우리는 너를 사람이 배울 수 있는 최고의 지식인 하나님을 믿는 믿음 안에서 길렀지. 뿐만 아니라, 너는 네 또래 아이들이 갖지 못한 기회들도 가졌었단다. 그동안 내가 왜 교수와 설교자들을 우리 집에 초대했었는지 궁금하지 않았니? 그리고 네가 그 자리에 앉아서 대화 내용을 들을 수 있도록 우리가 허락했던 것도 말이야."

"왜겠니, 루터." 어머니가 덧붙이셨다. "그건 네게 도움이 되라고 그런 거였단다. 그렇게 똑똑하고 신앙 있는 사람들의 말을 듣는 게 너의 생각과 영혼에 좋기 때문이야. 앞으로 네가 무엇을 배우든지 간에 그들처럼 훌륭한 사람이 돼야 한단다."

어린 루터를 침대에 눕히고 평소와 같이 잘 자라는 입맞춤을 한 후에 어머니는 아래층으로 돌아와 아버지와 시간을 좀 더 보내셨다.

"우리는 바로 이 벽난로 앞에서 루터에게 하나님의 진실에 대해 가르쳤지만, 나는 걱정이 되오. 교육에 대해서 조심해야 할 필요가 있소." 아버지가 말씀하셨다.

"왜요, 여보?" 어머니가 물으셨다. 교육은 맏아들 루터가 자신들보다 더 나은 삶을 살도록 하기 위해 준비한 부모님의 계획 중 하나였다.

"요즘 많은 학교와 대학들은 청년이 하나님께 가까이 가는 것을 가르치지 않고 있소!" 아버지가 소리치셨다. "그들은 하나님에 대한 것보다 내가 진심으로 경멸하는 수도사들의 신화를 가르치고 있소. 하나님께서 루터를 이런 종교적인 위선자들로부터 지켜 주시길! 만약 하나님께서 루터를 오직 그분의 유용한 종으로 삼으신다면 나는 기쁠 것이오. 이리 와요, 여보. 우리의 문제들은 이 난롯불에 그리고 하나님의 계획에 그만 내려놓읍시다."

****

다음 날 어머니가 금고 상자를 찾으셨다. 그리고 얼마 후, 행상인이 와서 문을 두드리자 어머니가 동전 몇 개를 꺼내셨다. 상인은 여러 개의 튜닉(허리 밑까지 내려와 띠를 두르게 된 블라우스 또는 코트)을 팔고 있었다. 어머니는 옷감과 바느질 상태를 꼼꼼히 살펴보시더니 하나를 골라 루터의 작은 몸에 대보셨다. 그리고 힘들게 모은 돈으로 그중 짙은 녹색 옷을 사셨다.

"잘 만들어지고, 색감이 좋구나." 어머니가 말씀하셨다.

"어머니, 옷이 조금 크지 않아요?"

"그렇지 않아, 루터. 네가 조금 더 자라면 아마 딱 맞을 거야. 겨울이 왔을 때 네게 너무 작으면 의미가 없지 않겠니?"

이틀 뒤, 어머니는 다시 한번 금고 상자를 꺼내셨다.

"군터의 어머니가 군터가 사용하던 석판(글씨도 쓰고 그림도 그릴 수 있도록 굳은 점토를 얇은 판으로 만든 것)과 가방을 팔고 있더구나. 군터는 다음 학기부터 광산에서 아버지와 함께 일할 거란다. 그럴 나이가 되기는 했지."

루터는 혹시 학교에 가는 것보다 아버지와 함께 광산에서 일하는 게 더 좋지 않을까 생각했다. 하지만 고민은 오래가지 않았다. 학교에 가서 공부하는 것은 너무도 좋은 기회였다.

****

여름의 열기가 식어 가기 시작하면서 폭풍도 잦아들고, 새로운 계절의 시작도 가까워졌다. 어머니는 루터의 입학을 며칠 앞두고 한 가지 걱정이 있으셨다.

"루터가 학교까지 그 먼 길을 다니기는 힘들지 않을까요? 루터는 오후에 숲에 가서 장작을 모아 오고 나면 완전히 지치곤 했어요. 그런데 학교는 숲보다 더 멀잖아요."

"그 문제는 이미 해결됐소. 내가 니콜라스 옴러Nicholas Oemler 라는 청년에게 도움을 청했소. 그 청년은 루터를 짊어질 수 있을 정도로 크고 강하지. 루터가 피곤해지면 니콜라스가 어깨에 태워서 나머지 길을 데려갈 거요."

어머니는 그제야 안도하셨다. 그리고 마침내 새로운 날의 아침이 밝았다. 루터는 어머니가 사 주신 새 옷을 입고, 가방에 석판을 넣었다. 어머니는 가방에 사과 한 개를 더 넣어 주시며, 옷을 항상 깨끗하게 입고 학교에 도착하기 전에 점심을 먹지 말라는 등 몇 가지 주의사항을 빠르게 말씀하셨다. 아버지는 어머니의 어깨에 손을 올리고 점잖게 말씀하셨다.

"그만 가게 합시다. 루터는 금방 돌아올 거요."

루터가 다른 어린 학생들 틈에 섞여 학교로 떠나자 부모님은 아들에게 손을 흔들며 인사하셨다.

"만약 머리로 계획하고 손으로 일할 수 있다면, 우리 아들은 내가 했던 힘든 수고를 피하고, 내가 놓쳤던 빛나는 모험들을 즐길 거요. 그리고 루터는 위대한 학자가 될 거요."

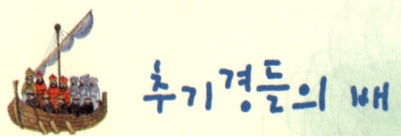 추기경들의 배

학교 건물의 탑이 이제 막 보이기 시작한 곳에서 가파른 언덕 하나만 남았을 때였다. 상급생 니콜라스는 루터가 지쳐서 걸음이 꽤 느려졌다는 사실을 알아차렸다. 그는 어린 루터를 어깨에 올리면서 말했다.

"루터, 속도를 내지 않으면 늦을 거야. 선생님은 지각을 매우 싫어하셔. 늦게 도착하는 학생들을 때리신다고. 반드시 제시간에 가야 해!"

루터는 침을 꿀꺽 삼켰다. 군터의 얘기가 사실이었던 것이다. 니콜라스는 루터에게 미소 지으며 이어서 말했다.

"근데 그렇게 걱정하지 않아도 돼. 선생님들의 엄격함에는 곧 익숙해질 거고, 너는 여러 가지를 배우게 될 거야. 이제 얘기는 그만할게. 다른 아이들하고 꽤 떨어졌거든."

니콜라스는 크고 빠른 걸음으로 성큼성큼 걸어서 다른 아이들을 따라잡았다. 그리고는 학교 근처에서 루터를 내려 줬다. 루터는 학교 밖에서 내린 것이 다행스러웠다. 친구들에게 어린애처럼 보이고 싶지 않았기 때문이다. 그때 종이 울리기 시작했다. 루터는 첫 등교 날, 시간 맞춰 도착한 것에 마음이 놓였다.

종소리가 멈추자, 작은 학생부터 큰 학생까지 키 순서대로 한 줄에 모여들었고, 똑바로 서서 문 앞에 시선을 고정했다. 서로 장난치는 것도 멈추고, 웃음도 사라졌다. 학생들의 앞에 서 계신 선생님의 눈빛은 엄격했고 학생들의 마음을 꿰뚫어 보는 것 같았다. 어쩌면 두려움과 경외감으로 올려다보는 어린 루터만의 생각일지도 몰랐다.

가장 어리고 키가 작았던 루터는 줄의 맨 앞에 서 있었다.

선생님이 "안으로"라고 외치자 모든 학생이 줄을 맞춰 안으로 들어가 각자의 자리에 앉았다. 첫 등교였던 루터는 옆에 있던 학생이 옆구리를 찌르자 서둘러 교실 안으로 걸음을 옮겼다. 하나뿐인 책상은 선생님의 것이었는데, 모두를 지켜볼 수 있게 교실 뒤쪽에 놓여 있었다. 루터는 따뜻한 난로에 최대한 가까이 앉아서 석판을 꺼냈다.

****

루터는 학교에서의 첫째 날이 조금 혼란스러웠다. 다만 한 가지 확실한 것은 루터가 점심을 마지막 한 입까지 맛있게 먹었다는 사실이다. 루터는 몹시 허기져서 사과 몸통은 물론, 씨와 줄기까지 모두 씹어 삼켰다.

"엄마 말씀대로 하기를 잘한 것 같아요." 집에 돌아온 루터가 어머니에게 말했다. "점심시간 전에 몇 번 먹을 시간이 있었어요. 심지어는 학교 가는 길모퉁이에서도 배가 고팠지만 참았더니 점심이 더 맛있었어요!"

어머니는 미소 지으시고는 다음 날 여분의 치즈를 더 넣어 주기로 하셨다.

****

'체벌에 대한 군터의 얘기는 사실일지도 몰라.' 밤이 되어 침대에 누운 루터는 생각했다. '그래도 아무도 내 점심을 훔쳐 가지 않아서 다행이야.'

하지만 오래 지나지 않아 루터는 군터가 말한 점심 도둑과 체벌이 무엇인지 알게 됐다. 어느 날은 한 소년이 루터의 사과를 가져가려고 했다. 또 어느 날은 선생님께 채찍 체벌을 받아 엄청난 고통을 느꼈다. 그날 루터는 집에 오는 내내 너무도 고통스러워했다. 그래서 니콜라스는 그를 어깨에 들어 올려 언덕 아래까지 데려다줘야 했다. 루터는 평소 즐겁게 돌아오던 길을 흐느끼며 갔다. 작은 소년의 흐느낌은 점점 커졌고, 루터는 상처 난 손으로 계속해서 눈물을 훔쳤다. 니콜라스는 큰 한숨을 쉬며 루터를 부드럽게 들어 올렸다. 그는 어린 루터가 안타까웠지만, 동시에 조금 귀찮기도 했다.

"아픈 거 알아, 루터. 하지만 다른 애들도 곧 선생님의 회초리 맛을 알게 될 거야."

"하지만 그건 내 잘못이 아니었어." 루터가 코를 훌쩍이며 말했다.

"네가 라틴어로 대답하지 못해서 그런 거잖아." 니콜라스가 콕 집어 얘기했다.

"하지만 선생님은 라틴어를 가르쳐 주신 적이 없는걸." 루터는 작은 소리로 말했다.

집으로 돌아온 루터는 어머니에게 상처를 보여드렸다. 루터의 작고 부드러운 손이 회초리를 맞아 빨갛게 부어올라 있었다. 어머니는 연고를 바르시면서 혀를 끌끌 차셨다.
루터는 어머니가 혀를 차시는 이유를 알 수 없었다. 아마도 어머니는 공부를 열심히 하지 않아서 매를 맞았다고 생각하실 것만 같았다. 루터는 다음 날 학교에 가지 않아도 되냐고 어머니께 물어봤는데 어머니는 다시 혀를 끌끌 차셨다. 루터는 다음 날 아침 평소처럼 학교로 향해야 했다. 루터는 발을 질질

끌며 교실로 들어가서 어머니의 화난 표정과 분노가 자신을 향한 게 아니었다는 걸 모르는 채로 수업을 들었다.

※※※※

"루터를 불량스러운 학생들이 있는 곳에 보낼 수 없어요." 어머니는 단호하게 말했다. "당신도 학교에서 어린 학생들을 어떻게 대하는지 들었죠? 우리는 루터를 상급학교에 보내야 해요."

아버지는 아내를 바라보며 동의한다는 의미로 고개를 끄덕이셨다.

"하지만 만스펠트에는 상급학교가 없잖소. 우리가 어떻게 할 수 있겠소?"

"마그데부르크Magdeburg." 어머니는 아버지의 고민에 앞으로의 계획을 한 단어로 대답하셨다. 그곳에 있는 학교는 좋은 평판을 받고 있었다.

"하지만 마그데부르크에서도 라틴어를 모르면 학생들을 때리는 것을 당신도 알지 않소?"

"알아요, 하지만 적어도 그들은 때리기 전에 아이들이 알아야 할 것들을 가르쳐 줄 거예요." 어머니는 굳은 얼굴로 강하게 말씀하셨다.

오래지 않아, 루터는 만스펠트의 작은 교실에서 빠져나와 더 큰 독일을 향한 첫 여행을 떠나게 됐다. 하지만 실제로 그곳은 더 나은 학교가 아니었고, 만스펠트와 크게 달라진 것이 없었다. 몇 달이 지난 후, 루터는 심각한 열병이 나서 만스펠트로 돌아왔다. 어머니는 전보다 더 화가 나서 얼굴이 흙빛이 되셨다.

"우리 어린 아들을 신의 부르심을 받은 훌륭하고 똑똑한 사람들에게 돌봐 달라고 하는 게 그렇게 어려운 일인가요? 그들이 루터를 제대로만 먹였다면 이렇게 아프지는 않았을 거예요. 불은 제대로 때 줬을까요? 내 생각에는 아닌 것 같아요!"

어머니는 예리하고 정확한 눈으로 루터를 주시하며 루터의 안색이나 식욕의 변화 등에 반응하셨고, 구급상자에서 알맞게 약과 치료법으로 대처하셨다. 또한 가장 좋은 재료로 만든 수프와 스튜를 만들어 주셨다.

****

며칠 후, 몸이 한결 나아진 루터는 어머니에게 마그데부르크 성당Magdeburg church에서 본 그림에 대해 말했다.

"그림에 뭐가 그려져 있었니?" 어머니가 침대 끝에 앉으며 물으셨다.

"배가 한 척 있었는데요, 추기경과 주교들 그리고 다른 성직자들로 가득했어요. 뱃머리에는 교황님도 있었어요. 그런데 배 위에는 보통 사람들이 한 명도, 심지어는 왕이나 왕자도 없었어요. 신부님과 수도사들이 노를 저어 천국으로 향하고 있었어요."

어머니는 그림 내용이 마음에 들지 않아 미간을 찡그리셨

다. 하지만 루터는 설명을 이어 나갔다.

"신부님이나 수도사가 아닌 보통 사람들은 물속에서 허우적 거리고 있었어요. 어떤 사람들은 물에 빠지고 있었고요."

어머니는 가쁜 숨을 내쉬셨다. 어린 아들이 두려움과 걱정이 묻어난 얼굴로 어머니를 바라보며 말을 이었다.

"수도사들이 물에 빠진 사람들을 구하기 위해 밧줄을 던지고 있었어요. 그들도 천국으로 갈 수 있도록 도와주려고요."

어머니는 마침내 한숨을 지으며 말씀하셨다. "루터, 아버지가 천국에 들어가는 방법은 뭐라고 가르치셨지?"

루터는 잠시 생각했다. "아, 알아요!" 루터가 외쳤다. "죄 사함은 하나님의 값없는 은혜에서 와요!"

"맞아." 어머니가 안도하며 말씀하셨다. "적어도 우리 아들은 집에서 배웠던 좋은 것들을 다 잊지는 않았구나! 천국은 죄를 용서받은 사람을 위한 것이란다. 사람은 착한 행동이나 수도사가 던져 준 바보 같은 낡은 밧줄로 천국에 들어갈 수 없단다. 하나님은 자비로우셔서 죄인들의 죄를 자유롭게, 아무런 조건 없이 사해 주신단다. 나는 네가 마그데부르크에서 뭘 배웠는지 알 수가 없구나! 네가 집에 가져온 것이라곤 의심스러운 얘기들과 아주 약간 나아진 라틴어 실력이 다인 것 같구나.”

어머니는 루터의 이마에 손을 얹으시더니 열이 떨어졌다는 것과 루터의 눈빛이 전보다 더 또렷해졌다는 것을 알아채셨다.

“앞으로 집에 몇 주는 더 있을 거란다. 하지만 다음 학기가 시작되면 아이제나흐Eisenach로 가게 될 거야.”

“그럼 저는 다른 학교로 가는 건가요?” 루터가 물었다.

“그렇단다. 너는 기숙사에서 지내게 될 거야. 그리고 친척들이 거기 있으니 아무래도 도움이 될 거야. 혹시 또 아프게 되더라도 그분들이 너를 도와줄 거란다.”

"그런데 그 학교에서는 저녁을 먹으려면 학생들이 노래를 해서 구해 먹지 않나요?" 루터는 아이제나흐 학교에 대해 들었던 얘기 때문에 안심이 되지 않았다.

"루터, 학교에 음식이 충분하지 않을 때도 있단다. 네 아버지와 나도 할 수 있는 한 도울 거야. 하지만 우리 형편이 그렇게 좋지는 않단다. 그래서 너도 다른 아이들처럼 음식을 얻기 위해 노래를 해야 할 거야. 루터, 너는 고운 목소리를 갖고 있지 않니? 분명 도움이 될 거야."

# 저녁을 위한 노래

루터는 빵을 얻기 위해 마을을 다니며 노래했지만, 그가 얻은 것은 2번의 문전박대와 어느 할머니에게서 받은 빵 껍질 몇 조각이 다였다. 루터는 그날 밤, 차갑고 축축한 침대에 기어 들어가서 빵 껍질 중 하나를 베어 물었다. 루터는 이리저리 뒤척거리는 어린 동생들과 같이 잠들던 짚으로 만든 침대가 그리웠다. 동생들은 잠결에 루터의 정강이를 차기도 했지만, 적어도 자는 동안은 따뜻했다.

****

루터는 그곳에 머무는 동안 때때로 성 조지 성당 St. George's

church의 성가대에서 노래했다. 음악은 학교에서 지내던 루터에게 꽤 중요한 일이었다. 여느 날처럼 루터는 안락해 보이는 집 바깥에 서서 노래를 부르기 시작했다.

"하나님의 사랑으로 작은 빵 한 조각을."

그때 루터의 목소리가 집 안에 있던 한 부인의 주의를 끌었다. 부인은 문을 열고 나오더니 루터를 부엌으로 데리고 갔다. 루터는 그곳에서 만스펠트를 떠난 후로는 먹어 본 적 없는 영양 가득한 수프와 스튜를 먹을 수 있었다.

"저희 엄마 요리처럼 맛있어요!" 루터가 수프를 뜨고 빵을 베어 물며 감탄했다.

"최고의 칭찬인 것 같구나." 코타Cotta 부인이 말했다.

코타 부인은 루터가 허겁지겁 먹는 모습을 보며 이 굶주린 어린 소년에게 충분한 돌봄과 식사가 필요하다는 것을 알 수 있었다. 부인은 루터가 손님이 지내는 방에 머무를 수 있도록 남편을 설득했다. 그래서 루터는 상급 학교가 끝날 때까지 그곳에서 지낼 수 있었다.

****

어린 소년이던 루터는 그동안 키가 자라고 어깨도 조금 더 넓어졌으며 훨씬 나은 교육을 받았다. 그리고 이제는 아이제나흐를 떠날 때가 됐다. 아버지는 아들이 집으로 돌아온다는 소식을 전해 듣고 기뻐하셨다. 젊은 청년이 된 루터와 그동안 더 나이가 드신 아버지가 난롯가에 앉아 서로 어떻게 지냈는지 대화를 나눴다.

"아버지, 코타 부부는 제게 정말 잘해 주셨어요." 루터가 기억을 떠올리며 미소 지었다. "마치 또 다른 집이 생긴 것만 같았어요. 두 분이 서로 사랑하던 모습에서 아버지와 어머니가 떠올랐어요. 코타 부인은 하나님을 믿는 남편이 하나님을 믿는 아내를 사랑하는 모습보다 더 사랑스러운 것은 없다고 하셨어요."

아버지는 루터가 분별력이 있는 부부를 만났다는 것에 감사하셨다. 아버지가 아이제나흐에 대해 들은 것 중 어떤 내용은 충격적이었다. 수도사 훈련과 성자들을 찬양하는 것만 너무 강조되고 있었기 때문이다. 하지만 코타 부부는 올바른 신앙관을 가진 하나님의 사람들이었다.
　루터는 계속해서 아버지께 새 학교에서 있었던 즐거운 일들을 모두 얘기했다.

"아이제나흐에서 플루트 부는 법도 배웠어요. 들려 드릴게요."

"네 어머니가 일을 다 끝내고 오면 한번 들려다오. 플루트 연주는 우리가 즐겁게 들을 수 있겠구나. 하지만 네 라틴어 낭독은…."

루터는 그동안 배운 라틴어를 부모님 앞에서 큰소리로 자랑할 수 있겠다는 생각에 웃음이 터져 나왔다. 그리고 곧 아이제나흐의 훌륭하신 선생님이 떠올랐다.

"성 조지 학교의 선생님은 기품 있고 학생들에게 친절한 분이셨어요."

"친절했다고?" 아버지가 미소를 지으셨다. "네 말은 선생님이 회초리를 살살 때렸다는 거니?"

루터는 다시 웃으며 말했다. "확실히 회초리가 덜 있었다고 말해야겠네요. 선생님은 아침마다 학생들이 마치 귀족이라도 되는 것처럼 반 전체에 허리를 숙여 인사하셨어요. 우리는 농부에 가까운 행색을 하고 있었는데도 말이에요."

아버지는 어리둥절한 표정이셨다. 아버지는 학생을 그런 식으로 대하는 선생님에 대해 들어 본 적이 없으셨다. 루터는 계속해서 설명했다.

"선생님이 그런 행동을 하신 이유는 우리 중에 미래의 시장, 대법관, 박사 그리고 행정장관이 있다고 믿으셨기 때문이에요."

"흠…." 아버지는 생각에 잠긴 채 고개를 끄덕이셨다. "그가 맞을 게다. 루터, 너는 분명 그 직업 중 하나를 고르게 될 거니까."

루터는 아버지께서 말씀하셨던 직업 중에서 무엇을 골라야 할지 고민이 됐지만 고개를 끄덕였다. '만약 이기적인 욕심으로 잘못된 것을 고른다면 어떻게 하나님을 기쁘시게 할 수 있을까? 이 직업 중에 어떤 것이 하나님을 가장 기쁘시게 할까? 어떻게 해야 내가 하는 일이 하나님과의 평화를 가져다줄 수 있을까?'

****

그날 밤 루터가 잠자리에 들었을 때, 루터는 자신이 잘못된 길로 가고 있는 것은 아닌지 걱정스러웠다. 당시 아이제나흐에 있는 많은 수도원과 수녀원은 성 엘리자베스St. Elizabeth라는 특정한 성인에 대해 헌신적이었다.

'나도 성 엘리자베스에게 기도해야 할지 몰라.' 루터는 걱정에 잠긴 채 생각했다. '어쨌든 그분은 중요한 성인이고, 성당에서 잘 꾸며진 그림을 봤던 게 기억나.'

루터는 커다란 나무문을 열고 성당에 들어가서 성 엘리자베스가 새겨진 스테인드글라스를 지켜봤다. 쏟아져 들어오는 햇빛이 그녀의 모습을 돋보이게 했다. 성 엘리자베스는 신앙을 위해 가정생활과 아이들을 포기한 것으로 유명했다. 그녀의 위대한 고결함이 광채 속에 빛나고 있었다.

"성 엘리자베스님, 도와주세요." 루터는 무릎을 꿇고 조용히 속삭였다.

그렇게 몇 시간이 흘렀다. 집으로 돌아온 루터는 자신의 기도가 어쩌면 하나도 전달되지 않았을지도 모른다는 걱정에 이불 속에서 몸부림쳤다. '성 엘리자베스님이 정말 내 기도를 들으셨을까?'

루터는 이 고민거리를 방금 아침 준비를 위해 일어나신 어머니와 나누는 게 더 나을 거라고 생각했다. 어머니는 벽난로를 청소하고 나서 아침을 준비하기 위해 부지런히 계단을 내려가셨다.

어머니는 성인이 되기 위해 가정과 가족을 내던지지 않으셨다. 하지만 누구보다 성실히 일하셨으며, 온 마음을 다해 가족과 하나님을 섬기셨다. 비록 어머니는 교육을 받은 적도 없으셨지만, 아무 말도 할 수 없는 생명 없는 형상이나 창문에 그려진 그림보다 나은 안내자셨다.

루터는 제대로 된 교육을 받는 동안 슬픈 사실을 알게 됐는데, 정직한 농부들의 경건한 믿음이 수도사들 사이에 만연한 신비스러운 미신과 가톨릭의 성물(유물)에 의해 물처럼 흩어져 버렸다는 사실이다.

루터의 부모님은 그를 정직과 독실한 신앙으로, 순수하고 단순하게 기르셨다. 부모님은 지식도 많지 않고 성경을 읽을 줄도 모르셨지만, 그들이 알고 있는 것 그대로 자식에게 가르치셨다. 하지만 독실한 부모님의 가르침에도 불구하고 루터의 생각과 가슴속에는 그를 성경의 진실로부터 떼어 놓는 뭔가가 있었다.

****

　루터가 에르푸르트Erfurt에 있는 대학교로 떠날 준비를 마치자, 부모님은 루터를 향한 그동안의 계획이 이제 결실을 보는 것처럼 느끼셨다. 경제적인 상황도 전보다 나아져서 루터의 대학 등록금을 마련할 수 있었고, 루터의 동생들이 독립할 때를 대비할 돈도 충분했다. 어쩌면 모든 일이 다 잘 되고 있는 것 같았다.

　"루터, 하나님은 우리에게 참 좋으신 분이란다. 이제 너를 대학에 보낼 수 있고 또 네 동생들이 각자의 삶을 시작할 수 있도록 도울 수 있지. 뿐만 아니라 이번에는 대학교에서 식비와 기숙사 비용까지 지원해 줄 수 있게 됐단다. 앞으로는 공부하는 데만 시간을 쏟을 수 있을 거야. 너도 사람들이 하는 말을 알고 있잖니. 누구든지 공부를 잘하고 싶다면 에르푸르트로 가야 한다는 걸 말이야."

　이후 에르푸르트에 있는 대학에 입학한 루터는 열심히 공부했고, 대학 과정을 이수하고 얼마 지나지 않아 대학원 과정도 끝냈다. 하지만 에르푸르트에서의 생활은 이게 전부가 아니었다. 그곳에 머무는 동안 루터는 엄청난 전투를 하며 애를 썼는데, 그건 검이나 창으로 하는 것이 아닌 루터의 영혼의 전투였다.

이 전투는 루터가 꽤 어렸을 때 시작됐는데, 아마도 그가 성당에서 그림을 보고 많은 사람이 성 엘리자베스에게 기도하는 것을 목격한 때부터였을 것이다. 하지만 본격적인 전투는 이제 시작되고 있었다. 사건은 루터가 에르푸르트에 머무는 동안 일어났고, 그에게 깊은 영향을 끼쳤다. 심각한 질병이 그를 죽음의 문턱까지 데려갔고, 가장 친했던 친구 한 명이 벼락에 맞아 죽음을 맞았다. 이처럼 많은 일이 일어나면서 루터는 죽음이란 무엇인지에 대해 생각했고, 천국에는 어떻게 갈 수 있는지를 생각했다. 이 고민들은 루터의 마음과 영혼을 괴롭혔다.

****

루터의 부모님은 루터에게 무슨 일이 벌어지고 있을 거라고는 전혀 생각하지 못하셨다. 부모님은 맏아들이 대학에 들어갔다는 사실에 안도하고 계셨다.

하지만 루터는 거짓된 종교에 의해 진실에서부터 멀어지고 있었다. 그의 대학 생활은 이중생활이었다. 루터는 학교에서 변호사가 되기 위한 공부를 하고 책을 읽으며 시간을 보냈다. 루터는 그러면서도 죽은 사람들에게 기도하거나 성모 마리아를 위한 끝없는 찬미를 듣는 것을 포함한 종교적인 의식에 얽매여 있었다.

루터는 부모님의 희망과 꿈을 이뤄 드리고 싶었다. 하지만 다른 한편으로는 하나님께서 주시는 평안을 얻을 수만 있다면 모든 걸 포기하고 싶었다.

루터는 몇 년 전, 마그데부르크에서 봤던 거짓으로 창조된 그림들과 그의 영혼을 어둡게 물들인 그 거짓들을 이해할 수 없었다. 배 위에는 오직 수도사들과 신부들뿐이었다. 그 그림에서 천국으로 가는 사람들은 오직 종교인들뿐이었다.

만약 루터가 성경을 더 공부할 수 있었다면, 진실을 깨달을 수 있었을지도 모른다. 하지만 신학과 교회법을 공부했음에도 그에게 하나님의 말씀은 친숙한 책이 아니었다. 루터뿐만 아니라 당시 사람들 대부분이 그랬다. 왜냐하면 그 시대의 성경은 거의 라틴어로 돼 있었는데, 사람들이 라틴어를 읽지 못했기 때문이다.

변호사가 되기 위해 법에 관한 책만 읽던 루터가 어느 날 자신에게 물었다. '그런데 법이 하나님의 평안을 얻도록 도와줄 수 있을까?' 이런 질문들은 루터를 괴롭혔다. 겉으로는 잘 지내는 것처럼 보였지만, 루터는 정신적으로 큰 고통을 받고 있었다.

****

대학을 졸업한 루터는 부모님을 보기 위해 고향을 잠깐 방문했다. 부모님은 루터가 이뤄 낸 가능성에 매우 기뻐하며 웃음 지으셨다. 하지만 그때까지도 부모님은 루터의 속사정을 알지 못하셨다.

19살의 루터가 멋진 말을 타고 마지막 인사를 하기 위해 뒤를 돌았을 때, 멀리서 "우르릉" 하는 소리가 들렸다. 어머니는 숲 너머를 바라보셨다. 멀리 보이는 어두운 하늘은 폭풍이 머지않았음을 말하고 있었다.

"루터가 도착하기 전에는 폭풍이 몰아치지 않았으면 좋겠어요."

"여보, 루터는 이제 어린아이가 아니오." 집으로 들어가며 아버지가 핀잔을 주셨다.

"어린아이가 아니죠. 하지만 루터는 여전히 루터고, 저건 여전히 폭풍우예요." 어머니가 중얼거리셨다. "만약 내가 틀리지 않았다면요."

# 또 하나의 폭풍

    루터는 만스펠트에서 몇 킬로미터 달려왔을 때 피부에 익숙한 축축함을 느꼈다. 어릴 때 느꼈던 천둥의 기운이었다. 그는 마음속에서 꿈틀대는 두려움을 무시하며 말을 재촉했다. 잠시 후, 하늘은 평소보다 더 어두워졌고, 굵은 빗방울이 떨어지기 시작했다. 폭풍이 다가오고 있었다.

    '빨리 달린다면 폭풍보다 앞서갈 수 있을지도 몰라. 계속 가자, 루터.' 그는 자신을 재촉했다. 루터는 허벅지로 말의 옆구리를 누르며 더 빠른 속도로 달렸지만, 아무리 빨리 달려도 폭풍은 계속 따라왔다.

    루터는 지난 몇 달간 느껴 온 감정들을 떠올려봤다. 가장 친했던 친구가 벼락에 맞아 캄캄하고 차가운 무덤에 묻힌 이후로 루터에게는 모든 것이 어둡고 암울했다.

'내 친구는 지금 어디에 있을까?' 영원의 세계에 있을 친구가 루터에게 위안이 되지는 않았다. 또한 루터는 자신의 영혼도 걱정이 됐다. 그는 종종 그림에 있던 사람들처럼 자신도 물에 빠지고 있다는 느낌을 받았다. 루터는 그림 속에서 안전하게 배에 타고 천국으로 가던 수도사와 신부들처럼 되고 싶었다. 하지만 요즘은 어떤 것도 그의 마음에 평안이나 기쁨을 주지 못했다.

'나도 내 영혼이 정말 위험에 빠졌다는 걸 알고 있어.' 루터는 전보다 더 어두워진 하늘을 다시 올려다봤다. '구원도, 천국도 없고 오직 지옥만 보여. 죽음은 그저 영원한 고통일 뿐 안식을 가져다주지 않아.'

****

뷔링겐Thuringian의 하늘을 가로질러 쫓아온 폭풍이 루터를 따라잡았다. 번개가 하늘을 가르며 내리치고 얼마 후에 천둥이 쳤다. 루터는 폭풍을 피할 방법이 없다고 생각했다. 바로 그때, 또 다른 한 줄기 번개가 근처에 있던 나무에 내리꽂혔다. 순식간에 벌어진 일이었다. 나무에 불꽃이 일자, 흥분한 루터의 말은 울부짖으며 뜨거운 숨을 몰아쉬었다. 루터는 말을 진정시키기 위해 애를 썼다.

루터는 단지 죽음 때문이 아니라 죽음 이후에 가게 될 곳에 대한 생각으로 두려웠다. 지옥에 갈지도 모른다는 생각 때문에 공포에 휩싸였다. 겁먹은 루터가 말고삐를 세게 잡아당기자, 놀란 말은 뒷다리를 높이 들어서 루터를 땅에 떨어뜨리고는 수평선 너머로 사라져 버렸다. 공포 속에서 루터는 생각나는 성인을 마구 외쳐 불렀다.

"성 안나St. Anne님, 저를 도와주신다면 수도사가 되겠습니다!"

이 말은 루터가 충동적으로 내뱉은 말처럼 보였다. 물론 성급하게 한 말이긴 했다. 하지만 그동안 죽음과 지옥, 영생에 대한 생각으로 내내 괴로웠던 루터에게는 자연스러운 기도였다. 또한 지금까지 하나님의 인도하심이 아닌 그릇된 교리와 이단의 영향을 받은 루터였기 때문에, 죽음을 직면한 순간에

살아 계신 하나님이 아닌 죽은 성인을 찾았던 것도 당연한 일이었다.

루터는 폭풍이 다 지나갈 때까지 덜덜 떨며 서 있다가 주위가 고요해지자 아이제나흐까지 남은 여정을 빠른 걸음으로 걸어갔다.

****

루터는 부모님께 수도사가 되겠다는 결심을 말씀드리기도 전에 수도원에 들어갔다. 젊고 미래가 촉망받던 법대생이 수도사의 삶을 선택하며 부와 명예를 던져 버린 것이다.

수도원에 들어가기 며칠 전, 수도사가 되기로 한 루터에게 친구들의 질문이 쏟아졌다.

"뭐가 널 수도사가 되게 만든 거야?" 한 친구가 물었다. 루터는 수도사가 되면 이제 더는 필요하지 않은 책 중 한 권을 친구에게 건네며 대답했다. "나는 두려웠어." 루터는 그 이상의 설명을 하지 않았다.

"교수님들이 뭐라고 하실까?" 친구가 물었다. "아니다! 부모님은 뭐라고 하실 것 같아?"

루터는 아무 말도 못 한 채 고개만 숙였다.

"부모님께 아직 말씀드리지 않은 거야?" 친구가 믿을 수 없다는 듯 물었다.

"편지를 썼어. 이제 곧 아시게 될 거야."

루터의 친구는 고개를 흔들었다. 두 청년 모두 이 일이 루터의 부모님에게 씁쓸한 실망감을 안겨 줄 것을 알았다.

"내가 이제 막 하려는 일이 내 영혼을 구해 줄 거야. 부모님은 실망하시겠지만 어쩔 수 없어." 루터가 작은 소리로 말했다.

하지만 루터가 미처 깨닫지 못한 것이 있었다. 그것은 지금 그의 영혼이 위험 속에 있으며, 구원은 오직 예수 그리스도를 통해서만 가능하다는 사실이었다. 예수님은 수도원 안에서나 밖에서나 상관없이 그를 구원하실 수 있었다. 루터는 참된 진실과 참된 그리스도에게서 멀어져 갔다. 하나님께서 주시는 평안으로부터도 점점 멀어졌다.

1505년 7월 7일, 루터는 성 아우구스티누스 St. Augustinian 수도회의 수도원에 들어갔다. 그는 수도원으로 들어가기 전에 대학 친구들과 교수님들께 마지막으로 이렇게 말했다.

"여러분은 오늘 저를 보셨지만, 이후에는 저를 다시 볼 수 없을 겁니다."

****

루터의 부모님은 아들의 편지에서 가슴이 무너지는 소식을 들으셨다. 부모님은 어떻게 그들의 모든 계획이 한순간에 없어질 수 있는지 이해할 수가 없으셨다. 편지와 함께 온 상자에는 루터가 수도사로 생활하면서 이제 더는 필요하지 않은 옷가지와 졸업식 때 받은 반지가 들어 있었다.

루터의 아버지는 어머니가 언덕 너머로 또 하나의 폭풍이 몰려올 때까지 창가 의자에 비참하게 앉

아 있자 화가 난 채로 루터의 편지에 답장하셨다.

'왜죠, 하나님? 도대체 무엇 때문입니까?' 가진 재능을 거짓된 수도사의 삶과 거짓 믿음에 던져 버리는 것은 어머니가 아들을 위해 기도해 오던 게 아니었다. 어머니는 이미 얄팍한 수도사의 삶에 대해 충분히 알고 있었다.

"그들의 위선이란! 그들은 거짓된 신앙심을 가졌어! 그리스도를 따르는 척하지만 성경 말씀은 무시한다고!" 아버지가 내뱉었다.

"우리가 루터에게 가르친 십계명 중 하나가 이거였죠. '네 부모를 공경하라'(출애굽기 20:12). 그런데 루터는 도대체 왜 이 계명과 우리가 가르친 진실을 저버리고 수도사의 삶을 택했을까요?" 어머니가 대답하셨다.

'하나님, 우리 아들을 향한 계획을 아직 갖고 계신가요?' 어머니는 머리를 숙이고 조용히 기도드리셨다.

창밖에서는 여름 폭풍이 산 너머로 지나가고 있었다.

'우리가 루터를 위해 세웠던 모든 계획, 교육, 대학, 법….' 어머니는 씁쓸한 실망감을 느끼셨다. '하나님의 계획은 저희의 계획과 달랐습니다. 하나님 아버지, 저를 용서해 주세요.'

그러더니 어머니는 일어나서 다시 불과 냄비 곁으로 가셨다. 재를 섞어 주고, 불꽃을 살려 내셨다. 요리해야 할 음식과 따뜻하게 데워야 할 집이 있었다. 자연 세계에서 폭풍이 왔다 가듯이 가정에서도 마찬가지였다. 최근 만스펠트를 지나쳐 간 폭풍이 그랬듯이, 어머니의 맏아들도 자신이 만든 폭풍 속을 똑바로 걷고 있었다.

****

만스펠트에서 얼마 떨어지지 않은 곳에서는 자기 인생과 영원한 삶을 이제 막 바꾸려고 하는 루터가 수도원장 앞에 서 있었다.

"그대는 무엇을 찾고 있습니까?" 성 아우구스티누스 수도회의 수도원장이 진지하게 물었다.

"하나님의 은혜와 수도원장님의 사랑입니다." 루터는 스스로 수없이 해 왔던 대답을 했다.

이제 루터는 수도사가 되는 길에 들어섰다. 수도사를 준비하는 견습 수도사는 1년 동안 매일 말씀을 듣고 기도문을 암송했으며, 그곳에서 일어나는 모든 일을 배워야 했다. 수도원에서는 그곳에 사는 사람들을 위해 여러 가지 일들을 빠르게 처리해야 했는데, 기도하는 시간보다 더 많은 시간을 들이기도 했다.

지켜야 할 규칙도 많았다. 서는 방법, 앉는 방법, 무릎 꿇는 방법까지 정해진 대로 해야 했다. 루터는 이 모든 규칙과 훈련에 복종하며 1년을 보낸 후에야 정식 수도사가 될 준비를 마쳤다.

****

성당은 정식 수도사가 된 루터의 사제 임명을 축하해 주러 모인 루터의 친구들과 대학 교수님으로 가득 찼다. 하지만 루터의 가족은 단 한 명도 없었다. 예상은 했지만, 루터는 사실 실망스러웠다. 부모님을 뵌 지도 굉장히 오래됐다. 화가 나신 아버지에게서 온 편지가 마지막 대화였다. '우리가 언제 다시 보게 될지 누가 알 수 있을까?' 루터는 궁금했다. 하지만 이제 곧 서원할 시간이었다.

"나, 루터는 동정녀 마리아와 여러분, 나의 형제, 그리고 이 수도원의 원장 앞에 죽는 날까지 전능하신 하나님께 복종할 것을 서원합니다."

루터는 무릎을 꿇고 수도원장의 말을 그대로 따라했다. 그리고 성 아우구스티누스 수도회법에 따라 의복을 입고 불 켜진 양초를 쥐고 제단으로 향했다. 곧이어 기도문이 낭독되고 노랫소리가 성당 가득 울려 퍼졌다. 루터가 정식 수도사로서 천천히 행진할 때, 다른 형제 수도사들이 그를 환대해 줬다.

"아까운 일이야." 루터의 친구 중 한 명이 중얼거렸다. "내게 루터의 총명함이 절반이라도 있었다면, 장담하는데 나는 내 이름을 널리 떨쳤을 거야. 그런데 루터는 지금 기도와 고행의 삶 속으로 사라지고 있군."

"대학에서 가장 훌륭한 사람이 될 수도 있었는데…." 나이든 교수도 안타까움이 섞인 말투로 말했다. 그는 예전에 루터와 같은 결정을 내린 다른 학생을 본 적이 있었는데 그런 결정은 그를 당혹스럽게 했다. "대체 무엇이 그들을 수도사가 되게 하는 걸까?"

"그들은 그리스도를 섬기는 가장 좋은 방법이 집과 가족을 포기하는 것이라고 믿지요." 교수의 혼잣말에 구경꾼 하나가 작은 소리로 답했다.

"흠, 절대 결혼하지 않겠다는 독신 서약은 별로 끌리지 않아." 또 다른 사람이 말했다.

"그게 다가 아니에요." 청년 하나가 덧붙였다. "그들은 세상의 것들을 모두 포기하잖아요."

"사실 거의 전부라고 해야죠." 학생 한 명이 끼어들며 말했다. "듣기로 루터는 시집 한 권만 갖고 수도원으로 들어갔다던 걸요."

나이 든 교수가 웃으며 말했다. "역시 루터답군! 수도원으로 가져간 유일한 물건이 책이라니. 어쩌면 그에게 아직 희망이 있는지도 모르겠군."

"그럴 리 없어요." 다른 젊은 교수가 말참견을 했다. "루터는 수도원 생활에 푹 빠졌어요. 그를 만족시킬 수 있는 건 더 이상 없을 겁니다. 수도사들은 구원의 약속과 함께 단절 속으로 들어가 버리니까요."

잘난 체하며 한 학생이 말했다. "제가 확신하는데 루터는 극단적으로 고결한 수도사가 되기 위해 굉장히 열심히 노력할 거예요. 가장 우수하고 모든 교수님의 사랑을 받는 루터에게 이건 일종의 완벽한 삶이죠."

"꼭 질투하는 소리처럼 들리는군." 누군가 꼬집어 말했다.

"질투? 절대 아니야! 나는 머리를 밀고 수도원에 묻혀서 생활하는 수도사를 절대 질투하지 않아. 그가 그렇게 하겠다면 그 삶을 즐기도록 내버려 두자고."

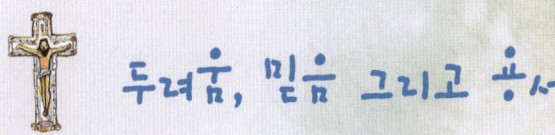
두려움, 믿음 그리고 용서

　수도사 생활을 막 시작한 루터는 로마 가톨릭교의 다른 수도사들처럼 기도하고 금식하며, 서약과 규칙을 지키는 생활을 시작했다. 루터는 수도사로서의 생활을 아주 열심히 했다. 그런데 당시의 로마 가톨릭 교회에는 사실 큰 문제가 있었다. 그것은 바로 성경의 진실에서 멀어져 있다는 것이었다. 이 문제는 몇 년 동안 계속됐다. 물론 교회 안에는 신부가 아닌 하나님께 죄 용서를 구하며 하나님을 믿는 사람들이 여전히 있었다. 그들은 죄를 용서받는 유일한 방법이 하나님의 자비하심과 십자가에 달려 돌아가신 예수님이라고 믿었다.

　하지만 거짓된 믿음 또한 교회에 만연해 있었다. 사람들은 오직 신부만이 고해성사를 통해 하나님께 죄를 용서해 달라고 기도할 수 있다고 믿었다. 그래서 그들은 신부 앞에 자신의 모든 죄를 고백했고 신부는 그들의 죄를 사면(죄를 용서하여 형벌을 면제하는 것)해 줬다. 죄를 용서받은 사람들은 그 대가로 선한 행동을 하거나 기도문을 읽어야 했다.

****

성경에서 죄 사함을 받기 위해 필요한 것은 오직 예수 그리스도뿐이라고 말한다. 구원받기 위해서는 다른 누군가가 대신해 주는 기도가 아니라 자신이 직접 예수 그리스도의 이름으로 하나님께 나아가기만 하면 된다. 또한 성경은 우리의 선한 행동이 마치 더러워서 아무도 입지 않는 옷과 같아서 그것으로는 구원받을 수 없다고 분명히 말하고 있다.

> "무릇 우리는 다 부정한 자 같아서 우리의 의는 다 더러운 옷 같으며 우리는 다 잎사귀 같이 시들므로 우리의 죄악이 바람 같이 우리를 몰아가나이다" 이사야 64:6.

하지만 그 당시 많은 사람이 죄 사함을 받으려면 동정녀 마리아와 훌륭한 성인들에게 기도해야 한다고 믿었다. 그리고 교회들이 성 베드로의 손가락 또는 예수님께서 달려 돌아가신 십자가 조각을 갖고 있다는 말을 믿었다. 그것들을 성물이라고 부르며 오래된 뼈들 앞에서 뭔가 특별한 은혜를 기대하며 기도했다.

그러나 성경은 하나님께 기도하라고 말한다. 하나님은 우리의 기도를 들으시고 응답해 주시는 분이기 때문이다. 하나님은 죄인의 기도를 들으신다. 그리고 예수님 한 분만이 죄인들의 구원자가 되심을 믿는다면, 우리 같은 보통 사람도 성인이 되게 하신다! 성인은 하나님께 죄를 용서받은 죄인들이다. 죄에서 깨끗하게 되는 것은 오직 하나님의 사랑과 용서로만 가능하며, 우리의 어떤 선한 행동으로 얻을 수 있는 것이 아니었다.

하지만 당시 사람들은 이 문제에 대해 혼란스러워했고, 루터 역시 마찬가지였다. 그는 수도원에서 열심히 수행해서 경건해지면, 하나님께서 기뻐하실 거고 구원을 얻을 수 있을 거라고 생각했다.

그래서 루터는 그림에서 배에 타고 있는 수도사 중 한 명이 되는 일에 모든 소망을 걸었다. 루터는 그것이 천국으로 가는 유일한 길이라고 믿었다. 하지만 그건 큰 착각이었다.

루터에게 하나님의 자비로움에 대해 가르치셨던 부모님이 루터의 이런 모습을 보신다면 얼마나 실망하실지 모른다. 부모님은 오직 하나님만이 사람을 구하실 수 있지, 맹세나 선한 행동이 사람을 지옥에서 구할 수 있다고 믿지 않으셨다.

그런데도 루터는 수도사들이 지내는 매우 작은 방안에서 몇 시간씩이나 음식도 먹지 않은 채 기도만 했다. 때로는 잠도 자지 않으며 자신을 고통스럽게 했다. 루터는 죄에 대한 대가로 몇 날 밤을 기도만 하기도 했다. 그는 자신의 몸을 이런 식으로 가혹하게 대하면, 죄를 짓지 않게 될 거라고 생각했다.

****

루터의 행동은 점점 더 심해졌다. 결국 다른 수도사들이 걱정하기 시작했다. 하루는 수도원장의 방문을 두드리는 소리가 났다.

"들어와요, 저스틴Justin 형제." 수도원장이 큰 소리로 말했다.

수도원장 슈타우피츠Staupitz는 수도사의 얼굴빛에서 문제가 생겼다는 걸 알 수 있었다. "무슨 일이 있나요?"

"루터 형제 일입니다." 수도사가 대답했다. "그는 방에서 혼자 기절해 있었습니다. 예배에 참석하지 않길래 혹시 무슨 일이 있는지 확인하러 갔다가 발견했습니다."

"그를 병원으로 데려갔나요? 우리 치료사들이 그를 도와줄 수 있을 겁니다."

수도사는 고개를 끄덕였지만, 그의 얼굴은 여전히 걱정스러워 보였다.

"무슨 할 말이 더 있나요?" 수도원장이 물었다.

"그게…." 저스틴 형제가 어렵게 말을 꺼내며 발을 꼼지락거렸다. "제 생각에 루터 형제는 사흘 동안 기도와 금식을 한 것 같습니다. 등에는 스스로 채찍질을 해서 생긴 상처들이 있었습니다."

수도원장은 한숨을 쉬며 고개를 흔들었다. "혹시 루터 형제에게 뭔가 다른 일이 생기면 내게 알려 줘요."

수도사는 고개를 끄덕이고 방에서 물러갔다. 수도원장은 잉크병과 두루마리 하나만 놓인 나무 책상을 손가락으로 두드렸다. 수도원장은 단순한 수도원 생활이 어떤 건지 알고 있었지만, 루터 같은 청년이 걱정이었다. 그들은 너무 많은 것에 사로잡혀서 정말 중요한 것을 놓치곤 했다.

수도원장 역시 당시 교회의 많은 잘못된 가르침을 따랐지만, 평안을 얻기 위해 사람들이 하는 행동들은 싫어했다. 그것은 참된 평안을 가져다주지 않았기 때문이다.

"병실에 누워 있는 형제들을 방문해야겠군." 수도원장이 혼잣말을 했다. "그들에게 필요한 건 따뜻한 격려와 조언이니까."

****

수도원장은 루터를 찾아가서 부드럽게 조언했다.

"나는 모든 수도사가 가능하면 반드시 신학을 공부해야 한다고 주장하지요. 수도원마다 라틴어 성경이 있답니다."

수도원장의 말은 새로운 충고였다. 루터는 조심스럽게 침대에서 일어났다. 수도원장은 야윈 루터의 손을 잡고 말했다.

"하나님의 말씀을 읽고 말씀을 공부하는 데 시간을 써요. 금식이나 채찍질 말고요." 그가 마지막 말에 힘을 주어 말했다.

루터는 고개를 끄덕였지만 조금은 혼란스러웠다. '수도원장님은 자신의 죄 많은 육체에 경건한 형벌을 주기 원하지 않으시는 건가? 아니면 내가 지은 죄가 얼마나 큰지 깨닫지 못하신 걸까?' 수도원장은 루터가 혼란스러워하는 이유를 알아챘다.

"루터 형제, 나는 형제가 참회에 얼마나 많은 시간을 보냈는지 알고 있어요. 하지만 그 시간의 반만이라도 하나님의 말씀을 읽었다면, 오늘 아침에 죽을 뻔한 모습으로 발견되지는 않았을 겁니다! 고백할 진짜 죄가 생길 때까지는 참회를 멀리 하도록 해요!"

그날 밤 늦게, 루터의 한숨과 신음이 복도에 메아리쳤다. 병실의 책임자인 선배 수도사는 루터를 괴롭히는 것이 통증이나 고통 때문이 아니라는 것을 알았다. 그는 조용히 루터의 침대로 다가갔다.

"루터 형제, 어디가 아픈가요?"

루터가 고개를 저었다.

"그렇다면 무엇이 그렇게 고통스러운가요?" 수도사가 다정하게 물었다.

"제 죄, 바로 저의 죄 때문이에요." 루터가 말을 하며 몸을 떨었다.

그러자 지혜로운 선배 수도사가 말했다. "그럼 신경을 반복해서 외워 봐요."

그 당시의 신경은 말씀들을 성경에서 골라서 한데 모아놓은 것이었다. 이것의 이름은 바로 사도신경이었다.

"나는 전능하신 아버지 하나님,
천지의 창조주를 믿습니다.
나는 그의 유일하신 아들,
우리 주 예수 그리스도를 믿습니다.
그는 성령으로 잉태되어
동정녀 마리아에게서 나시고,
본디오 빌라도에게 고난을 받아
십자가에 못 박혀 죽으시고,
장사된 지 사흘 만에
죽은 자 가운데서 다시 살아나셨으며,
하늘에 오르시어
전능하신 아버지 하나님 우편에 앉아 계시다가,
거기로부터 살아 있는 자와 죽은 자를
심판하러 오십니다.
나는 성령을 믿으며,
거룩한 공교회와 성도의 교제와

> 죄를 용서받는 것과
> 몸의 부활과 영생을 믿습니다. 아멘."

루터가 어머니의 무릎에 앉아 배웠던 익숙한 구절들을 외우며 끝부분의 '죄를 용서받는 것'을 말하자마자 선배 수도사가 멈추게 하더니 루터에게 물었다.

"루터 형제는 이 사실을 믿나요?"

"무엇을 말입니까?" 루터가 되물었다.

"형제의 죄를 용서받는 것을 분명히 믿는지 다시 말해 봐요. 이번에는 '나의'를 붙여서 말이에요."

"나는 '나의' 죄를 용서받는 것을 믿습니다!"

****

루터는 선배 수도사가 시키는 대로 말하기는 했지만, 자신이 이 사실을 확실하게 믿고 있는지에 대해서는 자신이 없었다.

'용서받기 위해서는 내 죄를 뉘우치고 참회해야 하는데 나는 충분히 뉘우치고 있을까? 혹시 부족한 점은 없는 걸까? 하나님은 정말 거룩하신데, 내가 어떻게 하나님 앞에 나아가서 용서해 달라고 할 수 있을까?'

이런 고민은 병실을 나와서도 그를 계속 괴롭혔다. 수도원장뿐만 아니라 다른 사람들도 루터를 매우 걱정했다. 병원에서 그를 돌본 선배 수도사가 수도원장에게 루터의 고민을 전했다.

"루터는 하나님께서 자신 반대편에 계시다고 생각하는 것 같아 보여요. 그는 하나님을 정의롭고 거룩하신 분으로 보면서, 자기 자신은 경건하지 못한 죄인이라고 생각해요. 맞아요, 루터는 늘 그랬듯이 모든 것을 너무 심각하게 받아들여요."

수도원장이 고개를 끄덕이더니 창문 밖을 바라보며 팔짱을 꼈다. "하나님께서 죄인의 편에 계시다는 것을 루터 형제에게 어떻게 설명할 수 있을까요? 하나님의 정의는 예수 그리스도를 믿는 모든 사람을 위한 것인데 말입니다. 그는 다시 성경으로 돌아가야 합니다. 이번에는 로마서를 공부해 보라고 하세요."

수도원장의 조언에 따라 빨간 가죽으로 엮은 라틴어 성경을 읽으면서 루터는 점차 회복됐다. 루터는 이전에 사무엘서를 즐겨 공부했었다. 만스펠트의 고향 집에  계신 어머니가 떠오르는 한나라는 인물에 이상하게도 위로를 받았기 때문이다. 하지만 이번에는 로마서에 있는 뭔가가 루터의 마음에 빛을 비췄고, 그의 영혼은 전에 없던 따뜻함을 느꼈다.

> "믿음으로 말미암아 살리라" 로마서 1:17.

이 말씀에서 루터는 뭔가 새로운 것을 느꼈다. 그는 마침내 믿음이 하나님께 구원받기 위해 필요한 전부라는 사실을 깨달

앉다. 구원을 위한 모든 것은 그가 아니라 하나님께서 하시는 일이었다.

****

루터가 수도원에 들어오기 전부터 오랫동안 그를 괴롭혀 왔던 죄는 이제 더 이상 그를 괴롭히지 않았다. 왜냐하면 하나님께서 그의 죄를 모두 깨끗하게 하셨기 때문이다. 루터는 예수님으로 인해 의롭다 함을 받았고, 그 결과 하나님의 참된 평안을 느낄 수 있었다. 하나님은 믿음과 용서 그리고 회개까지 루터에게 필요했던 모든 것을 주셨다.

'전에는 '하나님의 의'라는 말이 두렵고 떨렸어. 어쩌면 번개나 천둥소리보다 더 공포스러웠지. 하지만 이제 그 말은 내게 사랑과 기쁨이고 하나님께서 주시는 위로의 말씀이야. 하나님의 의는 진정한 천국의 문이야!'

루터는 로마서에 자신의 죄만큼 검은, 검정 잉크로 적힌 단어들을 다시 한번 바라봤다. 이 단어들은 그의 영혼을 깨끗하게 했다.

'내가 만약 이 단어들의 의미를 알았더라면 수도원에 들어올 필요를 느끼지 못했을 거야. 하지만 이곳에 온 건 여전히 다행이야. 여기서 하나님의 말씀을 읽었고, 또 믿게 됐으니까!'

하지만 루터에게 하나님의 말씀은 이게 끝이 아니었다. 그가 더 알고 믿어야 할 것이 있었고, 다시 배워야 할 것도 많았다. 그 당시에는 교회에 이단 사상이 만연해 있었기 때문이다. 물론 지혜롭고 연륜 있는 수도사들과 훌륭한 수도원장들도 있었지만, 여전히 많은 교회의 지도자가 신을 믿지 않았고 이기적이고 거짓된 삶을 살면서 사람들에게 자신의 삶을 따르라고 가르치고 있었기 때문이다.

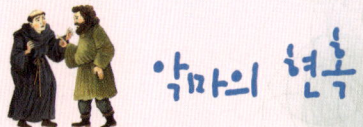
악마의 현혹

　루터의 부모님 앞으로 수도원에서 보낸 편지 하나가 도착했다. 루터가 사제 서품을 받은 후 첫 번째 미사가 있음을 알리는 편지였다.

　아버지는 편지를 힘없이 손에 쥐고 어머니에게 말씀하셨다.
"내가 가리다. 당신은 갈 필요 없소."

　어머니는 말없이 고개를 끄덕이셨다. 사제가 된다는 건 루터가 다시는 예전의 아들로 돌아오지 않는다는 걸 의미했다. 어머니는 루터가 수도사였을 때까지만 해도, 루터가 갑자기 마음을 바꿔 집으로 돌아올지도 모른다는 희망을 품고 계셨다. 드물기는 했지만 간혹 수도사들이 수도원을 떠나는 일이 있었기 때문이다. 하지만 어머니는 사제가 자신의 선서를 저버렸다는 말을 단 한 번도 들어 본 적이 없으셨다.

****

미사 당일, 루터는 몹시 긴장이 됐다. 어쩌면 미사가 끝난 후에 아버지를 보는 일 때문이었을지도 모른다. 아버지는 실망감으로 어둡고 찡그린 얼굴을 하고 계셨다. 미사 드리는 동안, 루터는 자신이 옳은 결정을 내렸다는 것을 보여 주기에 급급했다. 그랬더니 오히려 실수를 일으켰고 결국 아버지에게 좋은 인상을 주지 못했다.

미사를 마치고 저녁 식사 때가 되자, 루터는 침을 꿀꺽 삼키고 아버지에게 다가가서 물었다.

"아버지는 왜 그렇게 반대하시는 거죠?"

젊은 사제의 물음에 수도원의 온 식탁이 순식간에 조용해졌다.

"아버지는 여전히 수도사가 된 저를 보고 싶어 하지 않으시죠. 하지만 수도사의 삶은 매우 평화롭고 경건한 삶이에요."

아버지는 아들을 바라보다가, 곧 아들 주변의 수도사들을 바라보셨다. 그리고 그들을 향해 따지듯 물으셨다. "부모를 공경하라는 말씀을 성경에서 본 적이 없습니까?" 그리고 다시 루터를 향해 말씀하셨다. "아들아, 네가 사제가 되겠다고 서원한 것이 진정 하나님의 뜻인지 정말 의심스럽구나!"

아버지가 집으로 돌아가신 후, 루터는 아버지의 말씀을 떠올리며 자신이 결정한 길에 대해 확신이 서지 않아 괴로웠다. 하지만 성실한 수도사였던 루터는 바로 사제의 삶을 시작했다. 다른 수도사와 사제들은 되도록 적게 일하려고 했지만, 루터는 할 수 있는 한 많은 일을 했다. 그는 미사를 집도했고, 고해성사도 그의 일과에 포함시켰다.

그런데 일을 하면서 루터의 생각이 기존 교회의 생각과 조금씩 달라졌다. 루터는 예수님의 실제 살과 피가 우리에게 주신 선물이라는 것을 믿었지만, 미사를 드리는 행위가 특별하다고 생각하지는 않았다. 오히려 믿음과 하나님의 말씀이 없는 미사는 아무 의미가 없다고 생각했다.

고해성사에 대해서도 루터의 생각은 달랐다. 그는 사람들이 고해성사 시간에 죄를 고백하는 것은 허락했지만, 죄를 사면해 주지는 않았다. 대신, 죄를 용서하실 수 있는 하나님께로 그들을 인도하며, 사람들이 자신의 행위에 집중하지 않고 예수님께 나아가도록 인도했다. 그렇게 루터는 사제로서 인정받기 시작했고, 점점 더 많은 책임을 맡게 됐다.

****

작센 지방의 선제후(신성 로마 제국에서 독일 황제 선거권을 가졌던 제후)였던 프리드리히Frederic 백작이 비텐베르크Wittenberg에 이제 막 대학을 세웠을 때였다. 슈타우피츠 수도원장과 폴리히Pollich 박사가 프리드리히 백작과 뭔가를 논의 중이었다. 이들은 프리드리히 백작의 고문이었는데, 대학의 재정을 책임지고 있었다.

대학은 늘 돈이 필요했다. 그리고 또 하나, 좋은 교수들도 필요했다. 그들은 훌륭한 교수를 채용하면서 비용도 절약할 방법을 찾고 있었다.

"돈을 거의 다 썼고, 남은 돈은 전부 교수들 월급으로 나갈 예정입니다. 이제 어떻게 해야 할지 모르겠군요." 폴리히가 난감해하며 말했다.

"아, 알겠습니다!" 슈타우피츠는 뭔가 떠오른 듯 말했다. "신학과와 철학과 교수 자리를 채워야 하는 거죠, 그렇죠?"

"네, 그렇습니다. 하지만 좋은 교수를 어떻게 구할 것이며, 또 적당한 월급은 어떻게 줄 수 있겠습니까?"

"글쎄요, 적임자가 있는데 아마 월급은 필요 없을 겁니다."

"놀리지 마세요. 그런 사람을 어디서 구하겠습니까?"

"당연히 루터 형제에게 물어봐야죠! 우리는 루터 같은 형제를 채용해야 합니다. 사제인 그들은 월급이 필요하지 않습니다. 게다가 루터라면 세계 어느 대학에서도 기꺼이 교수로 데려가려고 할 겁니다. 그의 학업은 대부분 신학과 철학이었으니 그야말로 이 자리에 더할 나위 없이 적합한 사람입니다."

그렇게 해서 루터는 새로운 대학으로 갑작스럽게 부임하게 됐다. 그는 비텐베르크에 도착하자마자 곧바로 강의와 수업을 시작했다.

****

얼마 후, 슈타우피츠는 루터에게 새로운 임무를 맡겼다.

"루터 형제도 이 문제를 알고 있을 겁니다." 슈타우피츠가 책상에 놓인 편지를 가리키며 말했다.

슈타우피츠는 당시 소속된 성 아우구스티누스 수도회의 규정을 새롭게 만들려고 했는데, 일부 수도원의 반발이 있었다. 이 문제를 해결하기 위해서는 로마Rome에 있는 교황청에 갈 필요가 있었다.

"존John 형제와 함께 로마로 가세요. 아마 티롤Tyrol을 거쳐 이탈리아Italy로 들어갈 수 있을 겁니다."

루터는 성스러운 도시 로마를 직접 가 볼 수 있다는 것이 더

없이 기뻤다. 게다가 수도회의 대표자로 교황청에 가게 된다는 건 큰 영광이었다.

그러나 그 기쁘고 영광스러웠던 마음은 얼마 가지 못했다. 로마로 가는 길에 방문했던 몇몇 거대한 수도원에서 사치스럽게 잔치를 벌이고 술을 마시는 수도사들의 방탕함 때문이었다. 그 모습은 루터에게 굉장히 혐오스럽고 충격적이었다.

로마에 도착한 루터는 처리해야 할 업무가 생각보다 빨리 끝나 도시를 둘러보기로 했다. 그는 오래된 유적지와 교회들을 다녔다. 그중에는 빌라도의 집Pilate's house의 일부였다는 유명한 건물도 있었다. 존 형제는 무릎으로 그 건물 계단을 올라 꼭대기에 이르면, 연옥에서 보내야 할 천 년의 속죄에서 벗어날 수 있다고 말했다.

가톨릭에서 사람들은 천국에 가기 전에 연옥이라는 곳을 간다고 믿는다. 그리고 그곳에서 천국에 들어갈 준비를 한다고 생각한다. 특히 당시 연옥을 믿는 사람들은 그곳이 엄청난 고통의 장소지만, 선한 행동을 많이 한 사람은 그곳에서 잠시만 머물면 된다고 믿었다.

루터는 수많은 사람들 틈에 섞여 기나긴 계단을 기도하며 무릎으로 오르기 시작했다. 절반 정도 올라갔을 때였다. 문득 머릿속에 로마서 말씀이 떠올랐다.

> **"믿음으로 말미암아 살리라"** 로마서 1:17.

'내가 지금 대체 뭘 하고 있는 거야?' 루터가 또 한 번 자신의 믿음이 잘못됐음을 깨닫는 순간이었다. 루터는 벌떡 일어나 계단을 저벅저벅 걸어 내려갔다. 그는 자신을 구원하기 위해 할 수 있는 행동 같은 건 없다는 걸 알았다. 구원은 예수님께서 이미 다 이루셨다. 계단을 힘들게 오르는 것은 구원 앞에 아무런 가치도 없었다.

시간이 지나면서 루터의 생각과 믿음에 많은 변화가 생기기 시작했다. 이제 그는 오직 하나님만이 나를 죄에서 구원하실 수 있다고 믿었으며, 연옥에 대한 생각 또한 바뀌었다. 그를 붙들고 있던 교회의 잘못된 가르침들이 하나씩 그에게서 떨어져 나가고 있었다.

로마 여행의 마지막 날, 루터는 그가 들어올 때 지나갔던 문으로 나갔다. 하지만 이 도시에 대한 그의 생각은 크게 달라졌다. 그는 로마 도시의 심장부에서 교회의 타락을 봤고 큰 충격을 받았다. 또한 로마의 교회와 지도자들이 하나님보다 교회 건물과 자신들의 호화로운 생활에 더 신경 쓰는 모습에 큰 실망을 했다.

"만약 지옥이 있다면, 로마는 그 위에 지어졌을 거야." 루터가 작게 중얼거렸다.

****

루터는 여행을 마치고 비텐베르크로 다시 돌아왔다. 슈타우피츠는 그에게 더 많은 책임을 맡길 계획이 있었다. 그는 루터의 가능성을 알아봤고, 그가 훌륭한 신학 박사가 될 거라고 생각했다.

"루터, 이제 박사 학위를 마치면 마틴 루터 박사가 되어 대학이사회의 일원이 될 겁니다. 나는 학장 자리에서 물러나려고 해요. 그러면 형제가 그 자리를 맡게 될 거예요. 프리드리히 선제후님도 형제를 계속 후원하기로 했어요." 슈타우피츠가 말을 계속했다. "사랑하는 루터, 그동안 하나님께서 형제를 여기까지 이끌어 오시는 모습을 지켜보는 게 내게는 큰 기쁨이었어요. 앞으로 형제를 어떻게 사용하실지도 정말 기대된답니다."

슈타우피츠의 바람대로 루터는 전보다 더 열심히 시편과 로마서 그리고 갈라디아서의 말씀을 살펴보며 신학 박사로서의 일을 시작했다. 그는 어떻게 하나님만이 죄인들을 구원에 이르게 하시는지, 그 문제로 다시 돌아왔다. 어느 날 아침, 루터는 시편 22편의 한 줄을 읽고 있었다.

> "내 하나님이여 내 하나님이여 어찌 나를 버리셨나이까" 시편 22:1.

이 말씀은 예수님께서 십자가에 달려서 하신 말씀이었다. 갑자기 그의 가슴과 영혼에 불이 이는 듯했다. 예수님께서 하셨던 일과 그가 선한 행동을 통해서 자신의 구원을 지키려고 했던 노력이 얼마나 한심한 일이었는지가 단박에 보였다.

"예수님께서 내 죄를 지셨고, 예수님을 통해 내 죄가 모두 용서받았구나. 예수님은 죄가 없으셨지만, 나를 대신해 십자가에 달리셨던 거야."

성경에 대한 루터의 계속된 연구는 그의 강의와 설교에 그대로 녹아들었다. 학생들은 루터의 강의에 빠져들었고, 곧 많은 사람이 그의 강의를 들으러 오기 시작했다. 루터의 강의를 들은 사람들은 하나님의 말씀으로 새 생명을 얻는 기쁨을 알게 됐다.

"그 수도사가 성경을 살아 있게 만들어 주는구려!" 나이 든 제빵사가 어느 주일 아침 예배당을 떠나며 감탄했다.

"맞아요, 그의 짧은 교훈과 얘기들은 성경이 말하는 진짜 의미를 이해하게 도와줘요." 그의 아내가 덧붙였다.

"성경은 사제들을 위한 거라고 생각했는데, 이제는 성경에 나오는 사람들이 실은 나나 당신 같다는 걸 알겠소. 그래서 우리는 성경을 읽어야 하오. 내가 읽을 수만 있다면 말이오."

"그러니까요! 우리는 독일어는 알지만, 라틴어는 못 읽잖아요. 하지만 이제는 루터 박사님이 우리에게 성경을 읽고 설명해 줘서 다행이에요! 전에는 없었던 일이잖아요."

****

루터는 성 아우구스티누스 수도원의 총감독이 되면서 더 많은 책임을 지게 됐다. 하지만 루터는 그곳의 일에 강한 반감을 느끼기 시작했다. 하루는 루터가 슈타우피츠에게 말했다.

"수도원장님, 저는 성경을 가르치고 있지만, 저들은 신학을 가르치고 있어요."

당시 신학 박사들은 하나님의 말씀이 아닌, 성경에 대한 사람들의 생각을 가르쳤다. 설교자들은 하나님께서 말씀하신 것보다 그들이 상상해서 말하는 것을 더 즐겼다.

이제 루터의 인생 전체는 하나의 생각에 맞춰졌다. 그것은 그의 몸속에 있는 불이었고, 그의 가슴속에서 치는 천둥이었다.

"하나님께서 예수님을 통해 죄를 용서해 주셨습니다. 어떤 사람도 깊은 신앙심이나 경건함으로 구원을 얻을 수 없습니다."

슈타우피츠는 젊은 사제의 의견을 조용히 듣고 있었다.

"수많은 강사가 가르치고 있는 건 기독교가 아니라 다른 종교 같아 보입니다." 루터가 말을 이어갔다. "그들은 사도 바울 Paul보다 철학자 아리스토텔레스 Aristotle를 더 가르칩니다. 그리고 교회도 그것을 지지하고요."

슈타우피츠는 슬프게 고개를 끄덕였다. 루터의 지적은 사실이었다. 그들 모두 이 문제로 힘겹게 싸우고 있었다.

"어린 양들이 늑대에게 끌려가는 것을 보는 듯 가슴이 아픕니다." 루터가 힘없이 말했다.

루터는 거짓된 선생들이나 예언자들의 잘못된 가르침을 멈추게 하고 싶었다. 하지만 이런 루터를 방해하는 늑대 한 마리가 있었다. 수도사의 옷을 입은 그 늑대의 이름은 요한 테첼 Johann Tetzel이었다.

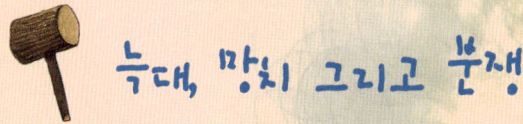

늑대, 망치 그리고 분쟁

루터는 교황의 대리자인 테첼이 그리 멀지 않은 곳에 있다는 말을 들었다. 루터는 다가오는 주일에 테첼과 논쟁을 벌일 예정이었다. 루터는 그의 부당함과 도둑질 그리고 거짓에 몹시 화가 나 있었다. 그의 죄목은 이외에도 많았다. 그는 이런 모든 끔찍한 일들을 예수님의 이름으로 행하고 있었다.

그중에서도 가장 끔찍한 것은 면죄부(중세에 로마 가톨릭교회가 금전이나 재물을 바친 사람에게 그 죄를 용서해 준다는 뜻으로 발행한 증서)였다. 당시 교회는 죄를 용서해 준다는 명목으로 면죄부를 판매하고 있었다. 하지만 실제로 면죄부는 가난한 사람들을 갈취하는 도구일 뿐이었다.

면죄부는 교황이 죄를 용서한다는 논리에서 시작한다. 만약 어떤 착한 일을 하거나 기도문을 외우면, 교황은 그 사람의 영혼이 천국에 쉽게 들어갈 수 있도록 허락하는 약속을 했다. 그러면 그 사람은 연옥에 잠시만 머물면 된다는 것이다.

이것은 전혀 성경적이지 않았다. 이 약속도 이제는 돈을 주고 면죄부를 사는 사람들만 받을 수 있게 됐다. 테첼은 이처럼 죽음과 지옥의 공포를 이용해 사람들에게 면죄부라는 종잇조각을 팔았다.

루터는 대학의 정원사 할아버지조차 테첼의 설교를 듣고 면죄부를 샀다는 말을 들었다. 할아버지 내외는 작은 오두막의 집세도 겨우 내고 있었는데, 두 분이 어렵게 모은 돈으로 테첼의 면죄부 하나를 산 것이다. 그런데 루터를 더 화가 나게 만든 것은 할아버지가 면죄부를 산 이유였다. 당시 할아버지의 손녀딸은 심각한 병에 걸려 있었다.

"우리 작은 천사가 연옥에서 조금이라도 짧게 있을 수 있다면 좋겠습니다…." 가여운 노인이 흐느끼며 말했다.

루터는 고개를 가로저으며 할아버지에게 말했다. "그 돈은 모두 로마의 성 베드로 성당St. Peter을 짓는 데 쓰일 겁니다. 그들은 베드로의 뼈 위에 성당을 짓는다고 말하지만, 사실 거기에 성 베드로가 묻혔는지조차 알 수 없습니다. 제가 본 로마는 부패했고, 성직자들은 탐욕으로 가득했으니까요."

루터는 할아버지에게 동전을 드리며 다시는 면죄부에 돈을 낭비하지 말라고 당부하며 말했다. "할아버지의 손녀딸을 위해 기도하겠습니다. 아이에게 하나님의 사랑에 대해, 그리고 예수님을 믿는 사람은 누구든지 값없이 죄 사함을 받는다고 말해 주겠습니다."

할아버지는 눈물을 흘리며 고개를 끄덕이고 루터에게 고마워하며 떠났다.

****

루터는 어떻게 교회가 가난한 사람들이 힘들게 구한 양식을 이렇게 빼앗아 갈 수 있는지 믿을 수가 없었다.

'교황 레오Leo는 면죄부로 모든 죄를 용서받는다고 말해. 게다가 테첼은 교황의 말을 사람들에게 전하며 면죄부를 팔고 있어. 사람들이 여기에 현혹되지 않도록 면죄부가 얼마나 잘못된 것인지 알려야 해. 구원은 돈이나 그 어떤 선한 행동으로도 살 수 없다는 걸 일깨워 주겠어. 예수 그리스도께서 죗값을 치르셨기 때문에, 죄 사함과 영생은 오직 주님께 있는 거야!'

어느 날 루터가 책상에 앉아 설교 원고를 쓰고 있을 때, 동생에게서 편지 한 통이 왔다. 편지에는 고향에 테첼이 와서 있었던 일이 적혀 있었다.

"허례허식으로 가득 찬 행렬이 내 창문을 지나갔어. 광장에는 모두가 볼 수 있도록 빨간 십자가가 세워져 있었지. 교황의 깃발이 바람에 펄럭였고 테첼은 이렇게 울부짖었어. '돈이 상자에 짤랑하고 떨어지자마자 당신의 영혼은 연옥을 피할 수 있습니다. 참회의 빨간 십자가는 예수님의 십자가와 같은 능력이 있습니다!' 사

> 람들은 면죄부를 사면서 어쩌면 이 악당 대신에 하나님을 받아들였다고 생각하는지도 몰라."

편지를 읽으며 루터는 자기 말고도 면죄부를 불편해하는 사람이 있음을 알게 된 것이 다행스러웠다.

'동생이 말한 것처럼 그는 악당이 맞아. 이게 바로 내가 테첼에 맞서야 하는 이유지.'

하지만 테첼에 대항하는 것은 곧 교회에 맞서는 일이었다.

'사제로서 교회가 하는 일을 따르는 게 맞지만, 교회의 잘못을 보고도 어떻게 모른 척할 수 있단 말인가?'

루터의 고민은 깊어졌다. 고민 끝에 루터는 결국 비텐베르크 성당 문에 그의 생각을 적은 종이를 붙이기로 했다. 그곳은 마을의 중요한 문서를 게시하는 곳이었기 때문에,

사람들이 토론을 나누기에 알맞은 곳이었다. 이 종이는 후에 「95개조 반박문」이라고 불렸다.

****

1517년, 만성절(가톨릭에서 모든 성인을 흠모하고 찬미하는 날)이었다. 그날은 중요한 기념일이었기 때문에 축하행사를 위해 많은 사람이 성당 근처에 모여 있었다. 덕분에 그들은 자연스럽게 성당 문에 붙은 루터의 반박문을 보게 됐다.

면죄부가 왜 잘못된 것인지를 말하고 있는 이 반박문에 대한 반응은 폭발적이었다. 사람들은 루터의 글을 보려고 성당 문 주위로 몰려들었다. 그런데 마침 누군가 인쇄기로 이 반박문을 복사해서 사람들에게 나눠 줬다. 곧 루터의 반박문에 대한 소문이 빠르게 번져 나갔다. 복사본 요청이 빗발쳤고, 루터의 반박문은 2주 후에 독일 전역에, 그리고 한 달 만에 유럽 전체로 퍼졌다.

루터의 반박문에 대해 곧 테첼이 반대하는 내용을 발표했고, 사람들 사이에 많은 활동과 토론이 생겨났다. 독일 전체가 루터의 얘기로 떠들썩했다.

"이 얘기 들었어? 사실일까?" 한 남자가 옆 사람에게 루터의 반박문 중 한 부분을 짚으며 물었다. "루터는 이렇게 말하고 있어."

> "우리의 주님이시며 선생이신 예수 그리스도께서 '회개하라'고 하신 말씀은, 믿는 자들의 모든 삶이 회개해야 한다는 것을 의미한다. 회개를 고해성사나 사제의 권리로 행하는 참회와 속죄로 이해해서는 안 된다."

"뭐라고? 그럼 내가 죄를 고백하러 갔던 모든 게 시간 낭비였다는 거야?"

"그런 것 같아! 하지만 좀 더 읽어 보자구."

> "교황은 하나님께 죄 사함을 받은 것을 선언하는 것 외에는, 어떤 죄도 사할 수 없다."

"흠, 이 사제는 소동을 일으키는군. 교황이 그를 좋아할 리가 없겠군."

"여기 다른 내용도 있어."

> "가난한 사람을 보고도 그냥 지나치면서 면죄부를 사는 사람은, 교황의 사면이 아니라 하나님의 진노를 사는 것임을 기독교인들에게 가르쳐야 한다."

"루터 박사는 진실을 말하고 있어." 대학생 한 명이 친구에게 말했다. "우리의 유일한 소망은 예수 그리스도야. 다음번에 광장에서 테첼의 빨간 십자가를 본다면 당장 돌아서겠어!"

루터의 반박문 내용을 따르는 사람들이 많아졌지만, 여전히 면죄부 판매에 찬성하는 사람도 있었다. 이 「95개조 반박문」을 통해 루터는 더 많은 토론과 논쟁의 중심으로 들어가게 됐다.

****

반박문이 발표되고 2주 후, 루터는 이른 아침 성당 문을 지났다. 그의 글이 독일 전 지역으로 인쇄되어 출판되고 있는 만큼, 반박문은 이제 문 안쪽에 붙어 있었다. 또한 번역까지 되어 외국으로도 퍼지고 있었다.

'면죄부를 싫어하는 건 독일뿐만이 아니야.'

그가 쓴 글이 멀리 퍼져 나가는 것은 실로 놀라운 일이었지만, 루터는 여기에 만족하지 않았다. 그는 이 문제에 대해 토론을 열고 싶었지만 누구도 나서지 않았다.
방으로 돌아오는 길에 루터는 타고 남은 잿더미와 공기 중에 남은 씁쓸한 연기 냄새를 맡고는 한숨을 쉬었다.

'학생들이 또 테첼의 출판물을 태운 모양이군. 저들은 이런 일이 내게 전혀 도움이 되지 않는다는 걸 모르는 것 같아.'

루터는 신학에서 중요하고 실제적인 내용을 토론하고 싶었다. 그리고 얼마 후, 하이델베르크Heidelberg에서 총회가 열린

다는 소식이 들렸다. 그것은 루터에게 굉장히 좋은 기회였다. 하지만 루터의 주변 사람들은 이 회의가 그를 안전한 비텐베르크에서 벗어나게 만들 함정이라고 생각했다. 그래서 선제후 프리드리히는 루터가 보호받을 수 있도록 통행권을 내줬다. 그는 자신의 대학에 루터같이 명석하고 뛰어난 인물이 있다는 것을 꽤 자랑스러워했다.

"나는 루터의 면죄부에 대한 생각에는 반대하지만, 그가 신실한 사람이라는 것은 믿네. 그러니 회의 기간에 그는 내 보호를 받을 걸세."

하이델베르크에서 총회를 무사히 마치고 돌아오는 길에 루터는 이전보다 더 활기차고 편안해 보였다. 그는 예상했던 것보다 훨씬 더 활발한 토론을 즐겼다. 하지만 크게 실망스러운 일이 하나 있었다.

루터가 친구 마이코니우스Myconius에게 책을 건네며 물었다.
"자네, 이 책 읽어 봤나?"

마이코니우스가 끄덕였다. "읽어 봤네. 존 에크John Eck가 쓴 오벨리스크Obelisks 아닌가."

루터의 어깨가 살짝 처졌다. "나는 그가 내 친구라고 생각했지만, 이제는 아니라는 게 드러났지. 우린 서로를 겨누고 있네. 그는 면죄부에 관한 내 견해를 완전히 경멸했어. 하지만 나는 반박문의 최종 출판을 준비해야 하네. 더 많은 해석과 설명이 필요해. 난 이 책을 해설서라고 부를 예정이야. 일이 끝나면 물론 교황에게도 한 부를 보낼 걸세."

마이코니우스는 놀라며 말했다. "교황이 읽을지 모르겠군. 교황은 교리보다 정치 문제에 관심이 있다고 들었네. 신성 로마 제국의 다음 황제가 될 인물 같은 내용 말일세. 교황은 이 나라와 다른 나라들을 다스리고 싶어 하니까 그에게는 굉장히 중요한 문제인 거지."

루터는 아무 대답도 하지 않았다. 교회가 권력을 얻으려고 하나님의 말씀을 소홀히 하는 모습을 보는 건 답답한 일이었다.

"루터," 그의 친구가 말을 계속 이어갔다. "내 생각에 자네가 가만히만 있으면 교황도 자네를 내버려 둘 걸세. 교황이 정말 원하는 건 조용한 삶이거든."

루터는 얼굴을 찌푸렸다. "사람들이 프리에리아스Prierias라고 부르는 성 도미니크회 수도사가 반박문에 반대하는 글을 썼네. 그가 교황에게 '저 독일 수도사의 이단을 끝장내라'고 요청하고 있다는군."

마이코니우스가 루터의 이탈리아 억양 흉내에 웃었다.

"교황이 나를 로마로 부른 것도 어쩌면 그 때문일지 모르겠네. 그런데 선제후는 독일인에 대한 심문은 독일 땅에서 이뤄져야 한다고 보셔. 그래서 나는 로마로 가는 대신 아우크스부르크Augsburg에 있는 교황 특사에게 찾아가 스스로 모습을 드러내려고 하네. 이 마지막 수정본을 마치는 대로 떠날 걸세."

라이프치히 논쟁

루터가 아우크스부르크에 도착한 때는 1518년 10월 8일이었다. 교황 특사인 추기경 카예탄Cajetan은 루터의 「95개조 반박문」에서 2가지를 지적했다.

"먼저, 루터는 훌륭한 성인들로부터 내려오는 도덕적인 행동들을 부인하고 있습니다. 또한 성찬을 하는 사람이라면 예수님 안에서 믿는 성찬식(예수님의 최후를 기념하여 예수님의 살을 상징하는 빵과 피를 상징하는 포도주를 나눠 먹는 의식)의 효과를 부정하고 있습니다. 우리는 루터의 이 잘못된 사상에 종지부를 찍어야 합니다!"

추기경은 루터에게 지금이라도 자신의 주장이 잘못됐다고 인정한다면, 비텐베르크에서 일어난 모든 일을 눈감아 주겠다고 제안했다. 하지만 루터는 이 제안을 받아들이지 않았다. 루터는 물러설 생각이 전혀 없었다.

"오직 믿음으로 말미암아 살리라!" 루터는 자신을 일깨우는 동시에 추기경을 비난하며 큰 소리로 외쳤다.

이에 몹시 화가 난 추기경은 루터가 떠나자마자 선제후 프리드리히에게 편지를 썼다.

"당신은 지금 이단자를 지켜 주고 있소!" 하지만 그는 프리드리히에게 다음과 같은 답장을 받고 망치로 머리를 얻어맞은 것 같은 충격에 빠졌다.

> "당신은 루터의 잘못을 지적할 만큼 뛰어난 신학 지식이 없으므로 이단자를 고발할 수 없습니다."

****

루터는 자신의 「95개조 반박문」이 많은 사람에게 영향을 끼치는 모습을 보며, 올바른 신학과 교리를 가르쳐야겠다고 생각했다. 그는 곧 사도신경을 인쇄했고, 누구나 쉽게 볼 수 있도록 독일어로 출판했다.

루터의 글을 읽은 사람들은 교황이 교회보다 위에 있지 않다는 사실에 눈을 떴다. 하지만 교황은 민중의 소리를 듣지 않았다. 그는 대리자들을 독일로 보내서 논쟁을 통해 루터의 입을 다물게 하려고 했다. 교황청과 한때 루터의 친구였던 에크는 루터를 가만히 내버려 두지 않았다.

"루터, 자네는 선택의 여지가 없네." 친한 친구 필리프 멜란히톤Philipp Melanchthon이 충고했다. "에크는 포기하지 않을 거야. 자넨 그와 얼굴을 마주하고 토론해야 할 걸세."

루터는 서류를 정리하며 말했다. "라이프치히Leipzig에서 토론회가 열릴 거라네. 토론 시작까지 아직 시간이 있어."

라이프치히에서 벌어질 논쟁은 루터에게 또 하나의 전환점이 될 사건이었다.

****

비텐베르크의 여러 교수와 학생들이 1520년 6월 24일, 라이프치히에 도착했다. 논쟁에는 루터뿐만 아니라 다른 토론자 칼슈타트Carlstadt도 함께할 예정이었다.

멜란히톤이 루터의 여행길에 동행했고, 논쟁할 자세한 부분들을 루터와 채워 나가고 있었다.

"칼슈타트가 가장 먼저 에크와 토론하게 될 거야. 그가 토론을 잘 해낼 수 있을까?"

"이보게, 왜 그런 질문을 하나?" 루터가 토론 준비를 하다 말고 친구를 올려다봤다.

"나도 모르겠네. 그가 긴장해 보이기도 하고 우리만큼 에크를 잘 알지도 못하고…."

루터가 끄덕였다. "당연히 자네 말이 맞네. 에크는 정말 똑똑한 친구야. 잉골슈타트Ingolstadt의 신학과 교수이기도 하고. 그는 내가 쓴 모든 책을 연구했지. 저번에는 그것들을 갖고 나를 찾아와 논쟁한 적도 있었다네. 그래서 나는 이번 토론에서 그와 논쟁할 때 뭐가 필요한지 잘 알고 있어. 하지만 칼슈타트는 어떻게 대처해야 할지 아마 잘 모를 거야."

대화를 나누던 그들은 얼마 후, 숙소에 도착했다. 가져온 짐을 정리하고 한참 책을 읽던 루터가 나지막하게 말했다. "비텐베르크 학생들이 이곳에 있는 동안에는 부디 점잖게 행동하면 좋겠네."

멜란히톤이 친구의 걱정에 웃음을 터뜨렸다. "난 학생들이 잘할 거라고 확신하네. 어느 모로 보나 이곳 라이프치히에서 가장 조심해야 할 사람은 자네라고. 분명 저들은 꽤 강하게 나올 거야."

루터가 머리를 끄덕였다. "흠, 그래서 학생들이 저마다 창과 도끼를 가져온 게로군."

"그렇네." 멜란히톤이 대답했다. "바로 우리를 지켜 주기 위해서야."

****

6월 27일 오후, 마침내 토론이 시작됐다. 칼슈타트는 경험 많은 토론자 여럿을 힘겹게 상대했다. 사람들은 루터가 과연 이 논쟁에서 어떤 모습을 보일지 몹시 궁금했다. 루터와 에크가 토론을 위해 준비된 자리에 앉자 토론장은 기대감과 흥분으로 가득 찼다.

"둘 다 농민 출신이라는 게 믿어지나?" 한 교수가 작게 속삭였다.

그의 제자가 놀라며 말했다. "세상에, 근데 루터 박사는 공작이나 다른 토론자들처럼 몸집이 크지 않고 많이 야위었네요."

"오, 그렇군." 교수가 대답했다. "그의 튀어나온 광대뼈를 좀 보게. 어쩌면 저건 그의 열정을 나타내는 걸지도 모르지. 이 토론을 위해 그는 줄곧 금식해 왔고, 지금은 아주 조금만 먹고 있다고 들었네." 교수가 말을 이어갔다. "하지만 걱정할 필요 없어. 그의 목소리는 언제나 맑고 또렷하다네. 또 예의 바르고 친절하지. 반대 세력이 그를 동요시키려고 할 때조차도 그는 차분하다네."

"하지만 이 논쟁이 시작하면 달라질 수도 있죠. 저는 예전에 루터가 화난 모습을 몇 번 본 적이 있어요. 어쩌면 그가 작은 꽃다발을 들고 있는 이유도 그 때문일 거라고 생각해요. 저기 왼손에 들고 있는 꽃이요. 그가 꽃 냄새를 맡는 모습을 봤어요."

그때, 뒤에서 듣고 있던 멜란히톤이 대답했다. "어쩌면 꽃이 조금은 도움이 되겠지만, 저는 루터의 냉정함과 믿음이 논쟁을 헤쳐 나가게 해 줄 거라고 믿습니다. 그나저나 두 분이 에크 교수는 어떻게 생각하는지 궁금하군요."

청년이 대답했다. "음, 크고 각진 얼굴에 사납고 강한 목소리…. 에크 교수는 사실 다소 큰 몸집 때문에 신학자라기보다는 차라리 푸줏간 주인이 더 잘 어울리죠."

교수와 멜란히톤이 청년의 말에 소리 내어 웃었다.

"그런데 이 논쟁의 요점이 뭐죠?" 한 학생이 끼어들었다. 그는 무슨 일이 일어나고 있는지 전혀 듣지 못한 게 분명했다.

"이건 사실상 교회의 주권에 대한 토론이네." 멜란히톤이 빠르게 요약해 줬다. "루터는 하나님의 말씀이 교황의 권한보다 크다고 말하고 있네. 하지만 이제 조용히 하세. 지금 논쟁이 본격적으로 시작하려는 것 같군."

"그래요, 시골뜨기들이 어떻게 논쟁을 하나 지켜봅시다." 누군가 속삭였다. 그리고 모두가 집중했다.

이 논쟁은 5일 내내 계속될 것이었다.

****

루터의 친구들은 그가 잘 해낼 것이라고 자신했다. 하지만 비텐베르크로 돌아오는 길에, 루터는 우울함과 답답함을 느꼈다. 그의 생각대로 논쟁이 잘 풀리지 않았던 것이다. 그는 실망감을 감추기 위해 강의와 설교에 전념했다.

"사람들에겐 내가 필요하네." 루터가 멜란히톤에게 말했다. "학생들도 마찬가지고."

"그렇다면, 자네 교구와 대학으로 돌아가서 할 일을 하게나. 그리고 이제까지 해 온 일들을 절대 포기하지 말게. 출판할 수 있도록 논쟁에서 오고갔던 말들을 정리하게. 이 나라와 전 세계가 자네의 글을 읽어야 하네. 에크는 목소리가 크고 전술에 능숙한 사람이야. 그러니 이제부터 교황에 맞서는 논쟁을 준비하는 데 시간을 더 쏟게. 아마도 그들은 지금 자신들이 전투에서 승리했다고 우쭐대고 있을 거야." 멜란히톤이 조언했다.

"맞아. 그들은 그렇게 생각하고 있을지도 몰라. 이제 남은 건 교황이 나를 이단자로 파문하는 것뿐이군. 나를 교회에서 쫓아내는 일 말이야."

 ## 파면, 그러나 계속되는 출판

　루터는 결국 교회에서 파면을 당했다. 라이프치히 논쟁이 그 이유였다. 루터는 사방에서 그를 잡아당기는 듯한 느낌이 들었다. 그에게는 그동안의 모든 일이 크나큰 실패로 보였다. 그러던 어느 날, 루터는 갑작스럽게 모든 성공이 성공이 아니고, 모든 실패가 실패가 아님을 깨달았다. 때로는 실패가 성공일 수 있었다.

　"루터가 파면당했다는 얘기 들었어?"

　"벌써 들었지. 교황이 끝내는 의도를 드러낸 거라고. 독일은 독일 사람을 위해 있는 거야. 그런데 왜 로마에 있는 사람들이 우리한테 이래라저래라 하는 거야? 우리 돈을 왜 모조리 로마 교황청에 보내야 하는 거냐고!"

"내 말이 그 말이야! 루터는 진실을 말하고 있어. 독일의 돈을 모조리 로마에 보내니까 독일 교회가 가난한 거 아니겠어? 농민들 형편이 점점 더 어려워지는 건 바로 로마에서 짓고 있는 교황과 추기경을 위한 궁전 때문이라고!"

"맞아. 그들은 하나님의 사랑을 전한다고 주장하지만, 실은 그저 자기 배만 채우는 위선자들일 뿐이야."

이런 대화가 독일의 각 집마다 그리고 사람들이 모이는 장소마다 이어졌다. 그리고 루터의 책을 읽고 공부한 사람들의 편지가 루터에게 쏟아졌다. 라이프치히 논쟁 후, 루터의 일상에 생긴 가장 큰 변화였다.

"모두가 내게 편지를 보내는군." 멜란히톤이 우편물을 가득 갖고 들어오자 루터가 말했다.

"이제 자네가 책을 쓸 시간이 된 것 같아." 멜란히톤이 말했다.

루터도 동의했다. "그래, 책이라면 내가 일일이 답장하지 않더라도 수많은 편지에 대한 대답이 될 수 있을 거야. 지금 교회와 독일에는 개혁이 필요해. 우리의 첫걸음은 로마와 독립적으로 분리되는 거야."

"자네는 혁명에 관해서는 얘기하지 않는군, 안 그런가?" 멜란히톤이 물었다.

"그렇네. 나는 혁명에는 동의하지 않아. 혁명은 칼로 이뤄지는 일이니까. 우리에게는 칼이 아니라, 전 세계 사람들에게 전해질 진짜 종교가 필요해."

"그건 너무 큰일이야."

"하지만 전처럼 어려운 일도 아니지. 우리에겐 인쇄기가 있잖아!"

"맞아, 자네가 잘 써먹고 있지! 듣자 하니 1517년에 독일어로 37권의 책이 인쇄됐는데, 1518년에는 71권으로 늘어났다더군. 그중에 자네가 쓴 책이 20권은 넘을 거야. 1520년에는 208권을 출판했는데, 133권이 자네 것이라네!"

****

루터는 인쇄 기술을 누구보다도 제대로 활용했다. 덕분에 그가 쓴 여러 책들은 독일 전역으로 빠르게 퍼져 나갔다. 책을 인쇄하고 출판하면서 루터는 그의 믿음이 더 분명해지는 것을 느꼈다. 그는 책을 출판하는 일이 하나님의 일이고, 하나님만이 죄인들을 구하셨으며, 또한 사제의 삶이 믿음에 도움이 되기보다는 오히려 그를 방해했다는 사실을 더 확신하게 됐다.

루터의 「그리스도인의 자유」라는 소논문은 이렇게 시작한다.

> "그리스도인은 가장 자유로운 만물의 주인이며, 누구에게도 속해 있지 않다. 그리스도인은 가장 충실한 만물의 종이며 모두에게 속해 있다."

루터는 독일이 로마 교황청으로부터 자유롭기를 원했다. 또한 교회가 교황으로부터 자유롭기를 원했다. 그는 모든 그리스도인에게 자유가 있다는 것을 주장했다. 하지만 자유와 동시에 하나님의 말씀에 순종하고 자기 이웃을 사랑해야 할 의무가 있음을 강조했다.

> "사람의 영혼은 신성한 옷을 입고 신성한 곳에 머물지 않는다. 반대로 세상의 옷을 입거나 먹고 마시지도 않는다. 영혼은 하나님의 말씀 외에는 아무것도 할 수 없으며, 하나님의 말씀은 그분의 아들에 대한 복음이다."

루터는 계속해서 글을 쓰고 설교하면서 사람들을 하나님의 말씀으로 인도하려고 애썼다. 예를 들어, 그는 '교황'이나 '성직자'를 자주 언급하는 일이 옳지 않다고 생각했다. 왜냐하면 성경은 오직 '직분자'와 '종'이라는 단어를 사용했기 때문이다.

언젠가 루터는 메모지에다가 사람들의 직업을 적어 내려가며 그들에 대해 생각해 봤다.

'양치기, 빵집 주인, 목수…. 이들처럼 평범한 삶을 사는 사람들은 어쩌면 하나님께 사제보다 더한 직분을 받은 사람들일지도 몰라. 만약 사람들이 사제와 교황으로부터 느끼는 두려움에서 벗어날 수 있다면, 그건 얼마나 위대한 일일까?

믿음을 가진 사람은 곧 모든 것을 가졌다는 사실을 모두에게 알려야 해. 사람은 믿음이 아니면 다른 어떤 것으로도 만족할 수 없다는 사실을 말이야. 그리스도인이 하는 모든 것은 믿음에서 나와야만 해!

물론 예배나 금식 같은 것도 필요하지만, 그 행위 자체가 사람을 좋아지게 만든다고 할 수는 없어. 사람이 어떤 좋은 일들을 한다면, 그건 바로 하나님을 사랑하고 있다는 증거야. 우리는 모든 일을 우리 영혼으로 하나님을 기뻐하며 해야 해!'

생각을 정리한 루터는 그의 책에 다음과 같은 결론을 내렸다.

> "로마 교회는 교회와 성도들을 전통적인 의식과 율법으로 얽어맸다. 이것은 성경이 말하는 말씀과 약속에 명백히 어긋나는 것이다!"

****

　루터는 성경 연구를 통해 전과는 다른 새로운 방법으로 하나님의 말씀을 이해했고, 그 방법은 루터 자신은 물론이고 다른 사람들의 삶에도 큰 영향을 끼쳤다.

　먼저 루터는 독일의 귀족들에게 기독교 개혁의 필요성을 알리는 책에서, 성경에 금하는 내용이 없으므로 사제가 결혼하는 것이 옳다고 주장했다. 그는 또한 가정에서의 모든 관계나 무역하는 상인의 정직함, 귀족의 직위 등이 모두 동등한 가치와 영성을 가진다고 말했다.

　루터는 이 책에서 교황에 대해서도 지적했는데, 오직 교황만이 유일하게 성경을 해석할 수 있다는 기존의 주장 때문이었다. 루터는 종교 개혁을 외치는 자신의 목소리를 억누르고 방해하는 교황청과 그 세력에 대해, 그들이 마치 몰래 숨어서 양을 기다리는 늑대와 같다고 비난했다.

"여러분은 도시와 수도원들과 농민들이 왜 아직도 가난하게 살고 있는지 궁금하지 않습니까? 우리는 먹을 것이 없는 이유를 이상하게 여겨야 합니다!"

루터가 문제를 제기한 여러 주제 가운데는 수녀나 사제에 대한 내용도 있었다. 그는 만약 수녀원이나 수도원을 떠나기 원하는 사람이 있다면, 그들이 가도록 허락해 줘야 한다고 말했다. 하나님은 진심으로 드리는 예배를 기뻐 받으실 거라는 게 루터의 생각이었다.

루터가 이런 글을 계속 쓰는 동안, 교황 역시 글을 쓰고 있었다. 교회와 교황을 비판했다는 죄목으로, 루터의 유죄를 선고하는 로마 교황의 대칙서(동그란 모양의 납 도장으로 봉인한 교황의 문서)였다. 그 문서에는 만약 루터가 자신의 주장을 취소하면 두 팔 벌려 환영하겠다는 내용이 적혀 있었다. 만약 루터가 이를 거절한다면, 그는 이단자로 여겨질 것이 분명했다.

이 같은 교황의 칙서는 루터에게 큰 위협이었다. 뿐만 아니라 그의 친구와 동료들도 안전할 수 없었다. 하지만 비텐베르크 대학은 교황의 경고를 철저하게 무시했다. 마을 사람들도 전혀 동요하지 않았다. 선제후 프리드리히는 에라스뮈스 Erasmus 같은 학자들과 몇 번의 회의 끝에, 루터가 공정한 재판을 받을 수 있도록 보호하기로 결정했다. 그 결과, 루터는 계속해서 마음껏 연설하고 가르치고 자신의 생각을 쓸 수 있게 됐다.

  로마 교황청의 엄청난 방해에도 불구하고, 루터는 더욱 신념에 불타 글쓰기에 집중했다. 하루는 그가 교황의 대칙서를 가져와 불에 태웠다. 봉인한 곳에서 시작해 불길이 번져 나갔다. 이것은 새로운 세상이 떠오르고 있다는 확실한 조짐이었다. 그리고 그 중심에는 루터가 있었다!

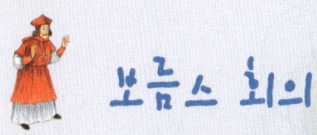
보름스 회의

 마틴 루터 시대에는 신성 로마 제국과 관련된 나라들의 통치자가 함께 모여 당시의 중요한 정치와 종교 문제들을 결정하는 제국 회의가 있었다. 이 회의는 여러 도시에서 열렸고, 제국의 왕과 군주 그리고 교회 지도자들이 모두 참석하는 매우 중요한 행사였다.

 1521년, 이번 회의는 독일의 보름스Worms라는 도시에서 열렸다. 이 회의는 사실 마틴 루터 때문에 열린 것이었다. 그 회의 중심에는 신성 로마 제국의 왕으로 선출된 19살의 젊은 새 황제 카를 5세Charles V가 있었다. 그는 당시 강대국이었던 스페인 왕이기도 했기에, 이미 상당한 권력이 있었다.

카를 황제는 루터가 로마 교회의 교리에 반대했고 그 내용을 반박문을 통해 세상에 공개했기 때문에, 그 '범죄'에 대한 루터의 대답을 들어야 했다. 그래서 황제는 마틴 루터를 제국의 왕과 군주와 교회 지도자들 앞에 세우도록 했다.

사실 카를 황제는 자신의 제국을 더 강하게 만들기 위해 교황이 가진 최고 권력이 필요했다. 그런데 지금 '독일 사제'가 교황의 권력을 공격하고 있었다. 때문에 루터가 일으킨 이 문제가 하루빨리 해결돼야 했다.

며칠 뒤, 루터는 1521년 4월 16일 전까지 보름스 도시에 도착하라는 일방적인 통보를 받았다. 모든 것이 그를 겨누고 있는 것 같았다. 교황의 대칙서, 제국의 지배자들 앞에 자신을 변호해야 하는 일 등… 파문뿐만 아니라, 어쩌면 사형 선고를 받을 수도 있었다.

"적어도 보름스까지는 안전을 약속받았어." 황제의 전령이 전달한 문서를 들고 루터가 혼잣말로 중얼거렸다.

✷✷✷✷

　루터는 비텐베르크 사람들이 준비해 준 큰 마차를 타고 보름스로 떠났다. 그와 함께 여행길에 오른 사람은 남동생과 친구 니콜라스 암스도르프 Nicholas Amsdorf, 그리고 젊은 귀족 페터 슈타벤 Peter Staven 이었다. 떠나기 직전, 루터는 다른 친구들을 격려하기 위한 편지의 마지막 줄을 휘갈겨 썼다.

> "나는 우리 주 예수 그리스도께서 여전히 살아 계시며 통치하고 계신다는 걸 확실히 믿는다. 이 믿음과 확신을 걸고 나와 함께 계시고 세상 누구보다 뛰어나신 그분을 위해, 나는 만 명의 교황도 두려워하지 않을 것이다."

　그리고 떠나는 루터의 모습을 보며 괴로워하는 멜란히톤에게, 루터는 손을 흔들며 다음과 같이 말했다.

　"친애하는 형제여, 만약 적들이 나를 죽음에 이르게 한다면, 그래서 내가 돌아오지 않는다면, 자네는 계속해서 가르치고 진실 안에 똑바로 서게. 그렇다면 내 죽음은 큰 문제가 되지 않을 걸세."

마차는 곧 출발했다. 사람들은 이게 루터의 마지막 여행일지도 모른다고 생각했고, 루터를 보기 위해 몰려들었다. 마차 앞에는 노란 깃발을 든 전령이 있었는데, 그는 선제후 프리드리히의 수하에 있는 자였다. 루터는 황제에게 불려가는 중이었지만, 여전히 군주의 보호 아래에 있었다.

****

보름스에는 많은 사람이 루터를 환영하기 위해 그가 도착하기 전부터 기다리고 있었다. 교황 측은 몰려든 수많은 인파를 탐탁지 않은 표정으로 지켜봤다. 그들은 이전에 종교 개혁을 주장했다가 화형당했던 존 후스(John Huss)를 떠올리게 해서 루터의 마음을 돌릴 계획을 갖고 있었다. 하지만 루터는 이미 단단히 결심하고 보름스로 향하고 있었다.

"이 지붕 위의 기와처럼 수많은 악마가 있다 해도 나는 보름스로 가겠어. 후스는 화형당했지만, 진실은 불타지 않았어!"

루터 일행이 마침내 보름스에 도착했고, 다음 날 루터는 의회에 불려갔다. 황제가 왕좌에 앉았고, 독일 선제후 6명이 그 아래 놓인 의자에 앉아 있었다. 의회 장소는 군주들과 교회 지도자들로 가득 찼고, 루터의 책들이 탁자에 쌓여 있었다. 루터는 몸이 떨리는 걸 느꼈다. 그는 이렇게 많은 사람 앞에 서 본 적이 없었다.

심문하는 사람이 물었다. "앞에 놓인 책들을 직접 쓴 게 맞습니까? 만약 그렇다면, 저 책들에서 주장한 내용을 취소할 생각이 있습니까?"

루터는 침을 꿀꺽 삼켰다. 그의 목소리가 조용하게 흘러나왔다. "제게 생각할 시간을 주시면 감사하겠습니다."

그렇게 루터에게 하루의 시간이 주어졌다. 루터는 당장 숙소로 돌아갔다. 심장이 빠르게 뛰었고, 머리는 핑핑 돌았다.

"뭐라고 말해야 하지?" 루터는 생각을 정리하기 위해 방안을 이리저리 서성거렸다. 그리고 밤새 간절하게 기도했다. 아침

이 되고 새들이 지저귀기 시작했을 때, 루터는 드디어 무슨 말을 해야 할지 알게 됐다.

****

루터를 보려고 몰려든 사람들로 거리는 몹시 붐볐다. 루터는 다시 법정 앞에 섰다. 탁자에는 루터의 책들이 어제와 마찬가지로 놓여 있었다. 하지만 이번에는 루터의 답변이 준비돼 있었다.

루터는 어제와 똑같은 질문을 받고 숨을 깊이 들이마셨다. 그리고 독일어로 자신을 변호하기 시작했다. 그의 어조는 강했고, 목소리는 차분했다.

"제 책들은 교황이 잘못된 가르침으로 그리스도교 세계에 파멸을 가져온 현실을 지적하고자 출간한 것들입니다. 만약 제가 이 주장을 취소한다면, 혐오스러운 폭정에 힘을 실어 줄 뿐입니다. 어쩌면 제 책 중 일부에는 그리스도인답지 못한 표현이 있을 수도 있습니다. 하지만 저는 그 책들 역시 취소하고 싶지 않습니다. 그러나 만약 누구라도 제 책에서 성경과 다른 내용을 발견한다면, 저는 얼마든지 받아들이겠습니다."

황제는 루터에게 이렇게 제안했다.

"루터, 콘스탄츠공의회 Council of Constance 에서 정한 내용에 반하는 자네의 모든 글과 그 입장을 취소하겠는가? 만약 이것을 따른다면 관대하게 처분하겠다."

이에 루터는 "오직 성경의 증거나 명확한 주장만이 저를 설득할 수 있습니다. 교황과 공의회의 논리가 모순투성이라는 것은 대낮의 해처럼 환한 사실입니다. 저는 성경을 기준으로 글을 썼으며, 제 양심은 하나님의 말씀 위에 서 있습니다. 저는 제 글을 취소하지 않을 겁니다."

루터는 잠시 쉬었다가 말을 덧붙였다. "이제 저는 더 이상 할 수 있는 게 없습니다. 하나님, 저를 도우소서! 아멘."

루터에게 원하는 대답을 듣지 못한 황제는 답답하고 화가 나서 밖으로 나갔고, 루터는 경비병의 호위를 받으며 숙소로 돌아왔다.

다음 날, 황제는 루터와 협상을 더 해 보면 그를 설득할 수 있을지도 모른다고 생각했다. 하지만 성경 말씀이 아닌 다른 어떤 권력도 루터를 굴복시킬 수 없었다.

이 모든 일이 일어나는 동안에도 루터는 손에서 펜을 놓지 않았다. 그의 책은 여전히 인쇄됐고, 시장과 거리 곳곳에서 공공연하게 팔리고 있었다. 독일 전 지역에서 루터를 영웅처럼 생각했고, 그를 옹호하는 그리스도인들이 모이기 시작했다.

****

그날 오후, 시청 벽면에 벽보가 붙었다.

"대체 어떤 벽보가 붙었나요?" 니콜라스가 물었다.

"이건 그냥 오래된 벽보가 아니에요. 800명의 병사를 거느린 기사 400명이 만약 루터에게 어떤 위험이라도 생긴다면 자신들이 복수하겠다고 선포하고 있다고요! 이 벽보는 귀족들에게 공포심을 주고 있어요. 그들이 루터를 금방 놓아준다고 해도 놀랄 일이 아니겠네요."

니콜라스는 안도의 한숨을 쉬었다. "그러면 곧 비텐베르크로 돌아가게 될 테니 잘됐네요. 그렇지만 그게 말처럼 쉬울지 모르겠군요."

얼마 뒤, 황제는 루터에게 돌아가도 좋다고 허락했다. 하지만 니콜라스가 옳았다. 교황과 황제의 뒷거래가 있었던 것이다. 즉, 교황은 황제에게 자신의 말을 들으면 원하는 것을 해 주겠다는 약속을 했다. 이에 황제는 루터에게 화가 난 교황의 편에 섰고, 루터에 대한 금지령에 동의했다.

이 금지령은 이단자인 루터에게 보름스에서 출발한 뒤 20일간의 통행권을 보장하지만, 그 이후부터는 어느 누구도 루터에게 '집 또는 숙소, 음식, 마실 것, 혹은 쉴 곳'을 제공해 주지 말라는 내용이 담겨 있었다.

이제 루터는 로마 가톨릭 교회의 사제가 아니었고, 오히려 목숨이 위태로운 상황이 됐다. 실제로 보름스에서 돌아가던 루터를 교황청에서 몰래 죽이려고 따라오기도 했다. 그런데 이상한 일이 일어났다! 루터가 갑자기 없어진 것이다. 마치 마틴 루터가 지구 상에서 사라진 것 같았다.

감금되지 않은 감금

루터가 사라지기 몇 시간 전, 그는 밖에서 안 보이도록 천으로 가려진 마차에 앉아 있었다. 마차가 깊은 구덩이나 나무뿌리를 지나갈 때면, 그와 함께 여행 중인 친구들의 몸이 지푸라기 위에서 들썩였다. 루터는 보름스 회의에서 있었던 일을 떠올리기 싫었지만, 일단 비텐베르크로 돌아가 연구를 계속할 수 있게 된 것이 다행스러웠다.

"그런데 이번에는 전령이 우리와 함께하지 않는군." 루터가 주위를 살피며 말했다.

"아니, 저 멀리서 따라오고 있다네." 니콜라스가 뒤를 가리켰다. "가는 길에는 주의를 끌지 않는 것이 좋겠다 싶어서 저렇게 했다네. 우리는 조용히 가게 될 거야."

루터가 고개를 끄덕였다. 좋은 생각이었다. 위험한 시기에 쓸데없이 주의를 끌 필요가 없었다.

나무가 우거진 숲으로 바람이 불어오기 시작했다. 폐허가 된 예배당을 지나는 길 옆에는 시내가 흐르고 있었다. 루터가 천 덮개를 통해 본 바깥 풍경은 멀리서 천둥소리만 들릴 뿐, 몹시 고요하고 평화로웠다.

"우리는 계속 쫓기고 있는 건가?" 루터가 걱정스럽게 물었다.

바로 그때였다. 갑자기 마부가 채찍으로 말을 내리치며 다급하게 외쳤다. "산적들이에요!"

모든 일이 순식간에 일어났다. 루터는 무슨 일이 벌어지고 있는지조차 알지 못했다. 말에 탄 기사 2명이 마차에 달려들어서 날카로운 창으로 마부의 목을 겨눴다. 루터는 마차에서 끌려 나와 말을 탄 기사 중 한 명 뒤에 타야 했다. 루터의 친구들은 그들이 빠른 속도로 밀어져 가는 것을 충격 속에 멍하니 바라볼 뿐이었다. 친구 중 한 명이 마차에서 내려 땅에 떨어진 루터의 회색 모자를 주웠다.

****

나무 숲길을 지나오는 길에, 루터는 기사의 강한 손아귀에서 풀려나 직접 말을 몰았다. 그리고 기사들을 따라 어딘지 모르는 곳으로 다시 출발했다.

늦은 밤, 루터는 노신사가 친절하게 맞아주는 한 성에 도착했다. 노신사가 인사를 건넸다.

"좋은 저녁입니다, 친구여. 바르트부르크Wartburg 성에 온 걸 환영합니다. 당신의 친절한 선제후 프리드리히가 이 모든 일을 준비했습니다. 비텐베르크는 당신에게 너무 위험한 곳이기에 당신을 납치하는 것처럼 일을 꾸몄습니다. 바르트부르크가 이제 당신의 집이 될 겁니다. 당신이 지낼 곳을 보여드리겠습니다."

그 후로 루터는 꼬박 10개월을 바르트부르크 성에서 숨어 지내게 됐다. 그곳에 머물면서 그에게는 약간의 변화가 있었다. 우선 사제의 습관을 버리고, 기사들이 입는 옷을 입었다. 또한 조지George라는 가명을 사용했고, 머리와 턱수염까지 길렀다. 그는 반란을 일으켜서 교황과 황제로부터 도망친 사제처럼 보이지 않았다.

루터는 성에서 지내는 생활에 차차 적응하기 시작했다. 그는 때때로 숲에서 말을 타기도 했는데, 가장 좋았던 것은 평화로움과 그에게 허락된 혼자만의 장소가 있다는 것이었다. 루터는 그곳에서 신약 성경을 독일어로 번역했다. 그는 사제가 아닌 평범한 사람들도 하나님의 말씀을 읽을 수 있어야 한다고 늘 생각해 왔기 때문이다. 하지만 성경 번역은 쉽지 않은 일이었다.

"집에 계신 어머니나 거리의 아이들에게 물어봐야 해. 시장에서 사람들이 주로 쓰는 표현들을 관찰해서 그들이 이해할 수 있는 쉬운 단어들로 번역해야 해."

루터는 사람들과 떨어져서 성에서 혼자 지내는 동안 의기소침하고 가끔 우울해졌다. 하지만 루터는 끝내 신약 성경의 번역을 끝냈다.

****

1522년 9월, 독일어 신약 성경의 초판이 출판됐다. 그리고 3개월 만에 책이 모두 팔려서 다시 찍어야 했다. 루터는 이토록 간절히 성경을 읽고 싶어 하는 사람들의 모습을 보며, '만약 이 한 권의 책이 모든 언어로 모든 사람의 손과 눈, 귀 그리고 심장에 들어가게 된다면 얼마나 좋을까!' 하고 생각했다.

루터는 바르트부르크에서 지내는 동안, 가끔 그를 찾아오도록 허락된 몇몇 친구들과 몰래 연락을 하며 지내고 있었다. 루터는 또한 편지를 주고받을 수 있었는데, 덕분에 바깥세상이 어떻게 돌아가는지 알 수 있었다. 가끔은 좋은 소식도 있었다.

"몇 명의 교구 사제들이 결혼하는 것을 봤네."

루터는 비텐베르크의 한 교수님에게서 온 편지를 받고 생각에 잠겼다. '그 소식을 들으니 기쁘군. 그들은 좋은 선택을 한 거야.'

하지만 나쁜 소식도 있었다. 문제의 대부분은 루터와 함께 토론을 이끌어 가기도 했던 칼슈타트였다. 그의 머릿속은 온통 종교 개혁으로 가득 차 보였고, 필요 이상으로 극단적인 상황을 만들어 가기 시작했다. 그중 하나는 그가 대학이나 학교에서 배우는 이론이 더 이상 필요 없다는 결론을 내렸다는 것이다. 그리고 그를 비롯한 몇몇 열성적인 사람들이 비텐베르크에서 문제를 일으키고 있었다는 것이다.

루터는 이 소식을 듣고 몹시 걱정되어, 비밀스럽게 대학이 있는 마을을 방문했다. 그곳의 모습을 직접 본 루터는 상황이 예상보다 심각하다고 느꼈다. 루터는 곧장 선제후 프리드리히에게 가서 비텐베르크로 돌아갈 수 있게 해 달라고 부탁하며 이렇게 말했다.

"더는 황제와 교황으로부터 저를 보호하지 않아도 됩니다."

✳✳✳✳

루터는 비텐베르크로 돌아왔다. 그는 종교 개혁이 독일 전체에 자연스럽게 퍼지기를 원했다. 그가 원했던 종교 개혁의 방식은 혁명이 아니라 화합과 평화였다. 한편, 루터는 또 다른 화합을 향해서도 움직이고 있었다.

> "행복한 결혼을 한 또 한 명의 사제가, 루터에게."

루터가 고개를 끄덕였다. 그는 최근에 이런 편지를 많이 받고 있었다.

"교구 사제들이 이룬 가정에서의 삶이 교구에 속한 성도들에게 좋은 본보기가 된다는 건 좋은 일이야."

"루터 박사님은 결혼에 대해 생각해 본 적 있으세요?" 젊은 조수가 눈을 반짝이며 물었다.

"없네." 루터가 단호하게 말했다. "나는 결혼 생각이 없다네. 사제들은 원하지 않는다면 독신을 할 필요가 없네. 만약 결혼생활을 원하면 해도 된다네. 예전에는 수도사나 수녀들이 부름을 받기도 전에 금욕 서약을 강요받았지만, 나는 그들에게 수도원을 떠날 자유가 있어야 한다고 믿네. 하지만 나같이 신중하게 서약한 사람은 지켜야만 하네."

"하지만 루터 박사님은 사제 생활이 박사님의 영혼을 구해줄 거라는 거짓된 감동 때문에 서약하셨던 거잖아요." 그의 학생 중 따지기 좋아하는 제자가 정곡을 찔렀다.

"오! 가끔 젊은이들이 나와 어찌나 논쟁을 하는지…. 이 문제에 대해 마지막으로 대답하자면, 나는 서약을 깨지 않을 걸세. 나도 내가 더 이상 사제복을 입고 있지 않다는 걸 알고 있어. 하지만 사제로서의 삶을 모조리 버리지는 않을 걸세. 고맙지만, 나는 독신으로도 괜찮다네!"

그때 학생 중 하나가 의심스러운 표정을 지었다. 그는 루터의 식습관이 지독하고, 침대는 축축하며 빈대가 득실댄다는 말을 들은 적이 있었다. 루터 박사는 독신이 괜찮아 보이지 않앉다. 그러나 걱정할 필요가 없었다.

****

1523년 봄, 라이프치히에서 그리 멀지 않은 곳에 있는 시토 수도회Cistercian 수녀원에 루터의 글이 전해졌다. 그의 글은 그곳 수녀들의 마음을 움직였다.

카타리나 폰 보라Catherine von Bora는 시토 수도회의 수녀 중 한 명이었다. 그녀는 자신들의 서약이 법에 어긋난다는 사실을 깨닫게 됐다.

"수녀원에 들어왔을 때, 몇 살이었나요?"

창백한 얼굴의 젊은 수녀가 그녀의 질문에 얼굴을 찡그리며 기억해 내려고 애썼다. "굉장히 오래전인데, 제 생각에 아마 6-7살쯤이었을 거예요."

"당신은요?" 카타리나가 다른 수녀에게 물었다.

"저는 조금 더 많았는데, 아마 8살이었을 거예요."

"그렇군요. 제 생각에는 우리 모두 너무 어릴 때 이곳에 들어왔다고 생각해요. 우리 모두 서약을 했지만, 집에 돌아가고 싶죠. 하지만 가족 중 누구도 우리를 받아 주려고 하지 않을 거예요."

"우리가 그들을 비난할 수 있을까요?" 또 다른 젊은 수녀가 끼어들었다. "만약 가족들이 우릴 받아 준다면, 그들은 큰 고통을 감당해야 할 거예요. 가족 중에 도망친 수녀가 있다는 건 집안의 불명예가 될 테니까요."

"우리가 할 수 있는 유일한 선택은 루터라는 사람에게 편지를 쓰는 거예요. 우리의 상황을 설명하고 그분께 도움을 요청해봐요."

루터가 수녀들의 편지를 받고 얼마 후에, 대담하고 놀랄 만한 계획이 실행됐다. 시토 수도회 수녀원의 젊은 수녀 9명이 카타리나의 방에 모두 모였다. 그녀들은 한 명씩 창문을 통해 마당 아래로 소리 없이 내려갔다. 그리고는 그들을 도우려고 와 있는 남자 쪽으로 재빨리 뛰어갔다. 그 남자는 마차 위에 있는 커다란 통 안으로 수녀들을 한 명, 한 명 넣었다. 어떤 통에는 맥주 냄새가, 다른 통은 생선 냄새가 났다. 모두가 통에 들어간 후, 마차는 재빠르게 그곳을 벗어났다.

그리고 3일에 걸친 불편한 여행이 이어졌다. 하지만 몸과 마음이 갇혀 있었던 수녀원에서 탈출하는 일에 이 정도 불편은 감수할 가치가 있었다. 그들의 최종 목적지는 루터가 비텐베르크에 마련한 안전한 처소였다. 수녀들의 수녀원 탈출 소식이 곧 사방에 퍼졌다.

"루터, 나는 자네가 이 일을 주도했을 거라 생각지 않네. 하지만 바깥에는 이 일 때문에 성난 사람들이 수도 없이 많아. 그들은 자네가 무슨 일을 했는지 믿고 싶어 하지 않을 걸세." 멜란히톤이 말했다.

"이 젊은 여인들이 수녀원에서 지내는 게 어떤 건지 사람들도 알 필요가 있네. 사람들은 아마 절대 모를 거야. 그녀들은 원해서 그곳에 들어간 게 아니라 들어가도록 강요받은 걸세."

멜란히톤이 끄덕였다. "그래, 그건 나도 알아. 하지만 이제 여기 있는 이 젊은 여성들을 위해 우리가 뭘 할 수 있겠나?"

"그녀들의 결혼을 돕는 건 어떨까? 여기 어디에 구혼자 목록이 있는데…. 전부 독실한 신앙인이고, 몇몇은 귀족이고, 사제들도 있어. 그들은 하나같이 좋은 신부를 찾고 있네. 여기엔 그런 신부가 9명이나 있고 말이야."

그날부터 한동안 루터는 도망친 수녀들이 신앙 있는 좋은 남편을 만나도록 이어 주는 데 전념했다. 마침내 수녀 대부분이 결혼을 하고, 한 명이 남았다. 그녀는 어떤 남자를 소개해도 다 거절하고 있었다.

"이런 말은 미안하지만, 카타리나가 너무 까다롭게 구는군." 사무실을 방문한 라이헨바흐Reichenbach 박사가 루터에게 말했다. "그녀는 우리가 제안하는 사람마다 거절하고 있어. 그녀와 얘기를 나눠 보니 자기가 원하는 둘 중 하나가 아니면 결혼하고 싶지 않다고 하더군. 한 명은 니콜라스고 다른 한 명은….” 그가 머뭇거렸다.

"또 한 명은 누군가?" 루터가 재촉했다.

"그건 바로 자넬세."

# 화목한 가정

카타리나의 제안이 있고 얼마 안 있어 루터는 그녀와 결혼을 결심했다. 루터의 결혼 축하 파티에는 부모님이 오셨고, 루터는 아버지와 끌어안으며 뜨겁게 화해했다. 사제가 되면서 틀어졌던 부모님과의 관계가 회복되는 순간이었다. 그는 마침내 부모님께 용서를 받았다.

멜란히톤은 루터의 결혼이 종교 개혁에 나쁜 영향을 끼칠지도 모른다는 생각에 결혼식 참석도 거절했었다. 하지만 시간이 지날수록 루터가 가정을 꾸리고 살아가는 모습을 보며 멜란히톤의 생각은 달라졌다.

루터는 종종 친구들에게 보내는 편지의 마지막에 아내를 위해 멜론이나 무의 씨앗을 보내 달라는 내용을 적기도 했다. 첫째 아들 한스Hans가 태어났을 때는, 집안 곳곳을 누비는 어린 아들 얘기가 매번 편지의 마지막을 차지했다.

루터가 카타리나에게 쓴 편지는 '나의 연인'이나 '나의 사랑' 같은 루터의 진심 어린 애정으로 시작되곤 했다. 루터는 편지에 아내를 '박사 부인'이라고 부르며, 그녀의 명석함과 분별력에 고마워했다.

한스가 태어나고 1년 정도 지났을 때, 루터는 심각한 병에 걸려 있었다. 그때 아기는 그에게 크나큰 위안이었다. 가끔씩 그는 언젠가 자신이 아내와 어린 아들을 두고 떠날 생각을 하며 눈시울을 붉히곤 했다. 그럴 때마다 카타리나의 굳센 조언이 그에게 큰 용기를 줬다.

얼마 후, 루터는 다행히 건강을 회복했지만, 곧 비텐베르크에 전염병이 돌았다. 하지만 루터는 떠나지 않고 아내와 아들, 그리고 곧 태어날 아기와 함께 남았다. 전염병은 무섭게 번져 갔고, 많은 희생자가 생겨났다. 카타리나가 딸 엘리자베스Elizabeth를 낳을 즈음, 전염병은 서서히 사그라들고 있었다. 하지만 이 좋은 소식에 이어서, 독일 곳곳에 있던 종교 개혁자들의 처형이 있을 거라는 비극적인 소식이 들려왔다. 루터는 고통스러운 심정으로 글을 썼다.

> "내 주는 강한 성이요, 믿음직한 방패와 병기 되시니, 하나님께서 우리를 괴롭히는 모든 병에서 구하여 내 시리로다."

****

전염병이 그치자 학생들과 교수들도 비텐베르크로 돌아오기 시작했으며, 수업도 곧 정상적으로 진행됐다. 루터는 안도의 한숨을 쉬었다.

그는 어린 한스를 들어 올려 시계추처럼 양옆으로 흔들어 줬다. 루터는 그 순간, 광산에서 어린 자신을 공중에 들고 흔들어 주시던 아버지의 모습이 떠올랐다. 루터는 맛있는 냄새가 나는 스튜를 젓고 있는 카타리나에게 다가가 말했다.

"엘리자베스의 세례 계획을 세워야 할 때가 된 것 같소."

웃으며 루터를 올려다본 카타리나가 찬성의 의미로 고개를 끄덕였다. 사실 그녀는 지금 살고 있는 이 낡고 오래된 수도원 건물을 어떻게 수리해야 할지 생각하느라 머릿속이 복잡했다.

엘리자베스의 세례가 있던 날, 루터는 부모님을 집으로 모셔와 이곳저곳을 구경시켜 드렸다. 이미 낡은 방들을 깨끗이 치우고 창문들을 고치고 바람이 새던 곳도 막아 놨지만, 여전히 손볼 곳이 많았다.

"아직 해야 할 일이 많지만, 필요한 대로 계속 고칠 거예요. 당장 필요한 방은 다 있어요. 하나님의 뜻에 따라 아이를 더 갖게 되면 다른 방들을 더 고쳐서 사용하려고요."

루터는 이어서 카타리나와 즐겨 가꾼 큰 정원으로 아버지를 모셨다. 아버지는 미소를 지으셨는데, 아름다운 정원이나 경치 때문이 아니라 하나님의 뜻이라면 아이들이 더 생길 것이라는 아들의 말 때문이었다. 노인이 된 루터의 아버지에게 가장 큰 기쁨은 어린

손자였다. 루터의 아버지는 손자의 머리를 쓰다듬으셨다. 손자가 생긴다는 것은 루터가 사제가 되는 순간, 절대로 경험하지 못할 거라고 생각한 일이었다. 아버지는 가정을 꾸린 아들의 모습을 보며 하나님께 조용히 감사드리셨다.

"아들아, 내게는 계획이 있었단다." 아버지가 주머니에서 땅콩 하나를 꺼내 손자에게 주시면서 루터에게 말씀하셨다. "그건 루터 네가 변호사가 되는 거였는데, 너는 사제가 됐지. 네 어머니와 나는 정말 생각지도 못한 일이었단다. 하지만 나는 이제야 하나님의 생각이 우리의 생각과 같지 않고, 그분의 길이 우리의 길과 다르다는 것을 알겠구나. 하나님은 너를 당신의 종으로 삼으시고, 네 어머니와 내가 손주를 보는 기쁨을 느끼도록 허락하셨어."

그리고는 루터를 따뜻하게 안아 주셨다. 루터는 부모님과 관계가 회복되고 가족이 다시 모인 것이 매우 행복했다. 하지만 쇠약해지신 부모님의 모습이 마음에 걸렸다.

'나를 키워 주시고, 가장 좋은 것만 주려고 노력하신 부모님

은 이제 노쇠해지셨어. 어쩌면 함께할 시간이 얼마 안 남았을지도 몰라.'

실제로 루터의 아버지는 1530년에 세상을 떠나셨고, 어머니도 그다음 해에 눈을 감으셨다. 하지만 루터의 부모님은 루터가 수도원에서 떠나, 전에는 꿈도 꾸지 못한 교회 개혁의 시작에서 루터가 가정을 이루는 모습을 보실 수 있었다.

****

다음 몇 해는 큰 어려움이 있었고, 국가적으로도 불안정한 시기였다. 내부 분쟁과 하층민들의 폭동도 있었다. 루터는 그 기간에 극심한 스트레스에 시달렸지만, 농민 전쟁이 끝나면서 나아졌다. 아내와 가족이 루터의 곁에 있었기에 이 모든 어려움을 견딜 수 있었다.

루터는 카타리나와의 사이에 세 아들과 두 딸을 두고 있었다. 루터의 일곱 식구 외에도 함께 살게 된 사람들이 있었는데, 먼저 카타리나가 수녀원을 떠날 때 떠나지 않고 수녀원에 남아 계시던 이모님이 계셨다. 그리고 고아가 된 루터의 두 조카도 가족이 됐다. 거기에 안나 슈트라우스Anna Strauss라는 소녀와 학생 몇 명도 하숙생으로 받아 줬다. 그래서 루터의 대가족은 식사 시간을 늘 떠들썩하게 보냈다.

저녁 식사 자리에서 마지막 접시를 치운 카타리나는 앞치마를 벗고 난롯가에 앉았다. 식사를 마친 사람들이 루터의 지혜롭고 재치 있는 대답을 들으려고 그녀의 남편 곁에 둘러앉아 있었다. 카타리나는 남편에게 계속해서 질문하는 청년들을 바라봤다. 그들의 흥미로운 대화는 끝날 줄을 몰랐다. 마침내 대화가 끝나 갈 기미가 보이자 그녀가 루터에게 속삭였다.

"저녁 식사가 끝난 뒤에 학생들이 얼마나 바쁘게 펜을 놀렸는지 눈치챘어요? 그들은 당신이 하는 말을 거의 빠짐없이 받아 적었어요. 당신의 농담까지도요!"

루터가 생긋 웃었다. 저녁 식사 후의 시간은 하루 중 최고의 시간이었다. 누구든지 루터와 벽난로 근처에서 시간을 보낼 수 있었다. 좀 더 큰 아이들은 벽난로 구석의 따뜻한 자리에서 루터가 어렸을 때 만스펠트에서 그랬던 것처럼 그들의 대화를 들었다.

그때 밖에서 문을 두드리는 소리가 작게 들렸다.

"제가 나가 볼게요." 카타리나가 대답했다.

"만약 거지라면 따뜻한 곳으로 들어오게 해요. 아쉽게도 오늘 밤에는 돈이 없지만, 우리에겐 저녁 남은 것이 있잖소."

카타리나는 밖에 나가 도움이 필요한 부랑자를 보고 안타까움에 한숨을 쉬었다. 루터는 언제나 길거리에서 방황하는 학생이나 사제, 혹은 거지를 위해 무엇이 됐든 여분으로 음식을 남겨 뒀다. 카타리나가 춥고 슬퍼 보이는 나이 든 사제를 부엌으로 안내했고, 루터는 불씨를 다시 살려 내며 좋은 아내를 주신 하나님께 감사드렸다.

"주님, 제 아내는 부유하지 않습니다. 카타리나는 수녀원을 떠났을 때만 해도 돈이 하나도 없었지요. 하지만 그녀는 실수가 없고, 다재다능한 데다가 성격도 밝습니다."

최근에 수리한 집만 보더라도, 루터는 카타리나가 없었다면 이렇게 할 수 없었을 거라고 생각했다. 그녀가 가꾼 정원도 마찬가지였다. 그곳에서 열리는 열매들은 가족들의 먹을거리

가 됐을 뿐만 아니라 여분의 수입도 가져다줬다. 또 정원에는 물고기가 많은 연못도 있었다. 농장에는 동물들이 있어서 부지런한 카타리나가 매일 아침 소젖을 짜 오기도 했다.

루터는 아내가 부엌에서 나이 든 사제에게 음식을 대접하고 나서 그를 따뜻한 난롯가 자리로 안내하는 모습에 흐뭇하게 미소 지으며 생각했다.

'하나님의 말씀 다음으로 이 세상에서 가장 소중한 보물은 성스러운 부부 생활이야. 하나님의 가장 큰 선물은 안정된 삶을 이루고 내 모든 것을 맡길 수 있는, 하나님을 경외하는 아내 카타리나야. 난 그녀가 있어서 정말 행복해!'

카타리나와의 결혼 생활 동안 루터는 신학자들과 토론을 계속했고, 물론 글쓰기도 쉬지 않았다. 글쓰기는 오랫동안 루터의 열정이었다. 루터는 신학자 에라스뮈스와 신학적인 문제를 토론했는데, 인간이 에덴 동산에서 선악과를 따 먹는 죄를 지은 뒤에 생긴 일들에 관한 것이었다. 루터는 사람이 스스로 하나님께 나아갈 수 없다고 주장했다.

> "죄는 사람의 마음과 영혼과 의지에 영향을 끼친다. 그러므로 누구도 자기 자신의 의지로 구원받을 수 없다. 만약 누군가 구원을 얻는다면, 그것은 오직 사람의 마음을 변화시키는 하나님에 의해서 가능한 것이다."

루터의 글쓰기는 계속됐다. 1529년, 그는 목사들과 선생들을 위한 안내서 '대교리문답'을 썼고, 사람들이 스스로 외울 수 있도록 '소교리문답'도 썼다. 그리고 구약 성경을 독일어로 번역했다.

독일어로 번역된 구약 성경은 1534년에 마침내 출판됐다. 루터는 독일 사람 누구나 쉽게 이해하도록 그들이 일상에서 늘 쓰는 언어로 성경을 번역했다. 루터의 이 작업은 후대 성경 번역에 큰 영향을 끼쳤다.

또 루터는 찬송가를 쓰기도 했다. 그의 가장 유명한 찬송가는 시편 46편을 바탕으로 해서 만든 「내 주는 강한 성이요」였다. 이 곡은 종교 개혁의 군가로, 지금까지 모두에게 사랑받고 있다. 이처럼 루터는 음악을 사랑했고, 음악이 사람들을 하나로 묶어 줄 수 있다고 믿었다.

　카타리나의 안내로 나이 든 사제가 자신의 옆자리에 앉자, 루터는 「내 주는 강한 성이요」를 노래하기 시작했다. 아이들과 아내, 심지어는 사제도 연주에 맞춰 화음을 넣거나 허밍으로 함께 노래했다.

※※※※

　루터는 아이들과 시간 보내는 것을 좋아했다. 아이들이 하는 말을 듣거나 끝없는 질문에 대답하는 일은 그에게 큰 즐거움이었다. 어느 날 아침, 루터와 아이들이 모두 정원에 있었다.

"아버지, 지금 들리는 새소리는 어떤 새예요?" 어린 마그달레나Magdalena가 루터의 소매를 잡아당기며 말했다.

　다른 아이들이 정원 끝에서 채소를 관찰하는 동안, 마그달레나는 아버지와 함께 배나무 밑에 앉아 있었다. 루터는 딸의

호기심 가득한 얼굴을 보며 미소 지었다.

"내가 알기론 저건 밤꾀꼬리란다, 나의 종달새 렌첸Lenchen."

루터가 마그달레나의 별명을 불렀다. 새소리를 잘 들으려고 귀를 기울이고 있는 딸아이는 가슴에 따뜻함을 지닌, 그 자체로 빛나는 작은 창조물이었다.
밤꾀꼬리가 지저귀고 있는 곳 밑에서는 개구리가 시끄럽게 울고 있었다. 그 모습을 보며 그가 종달새 렌첸을 가까이 끌어당겼다. 루터는 종종 이런 시간을 통해 아이들에게 믿음을 가르쳤다. 그는 어린 딸에게 말했다.

"저 새는 우리 주인이신 예수님과 같단다. 예수님은 찬양을 노래하는 밤꾀꼬리셔. 저기 저 시끄러운 개구리들은 우리가 놀라운 복음을 듣지 못하도록 막으려고 하는 이단자나 거짓 예언자들과 같단다. 나의 종달새 렌첸, 이런 것들을 생각하고 우리 주 예수 그리스도에 대해 생각하렴…."

"네, 아빠." 앞니가 몇 개 빠진 종달새 렌첸이 혀 짧은 소리로 대답했다. "놀라우신 나의 주 예수님."

그 모습에 루터가 함박웃음을 지었다. 그는 모든 자녀를 예뻐했지만, 사랑했던 딸 엘리자베스가 죽은 지 얼마 안 돼 태어난 종달새 렌첸에게는 특별한 애정이 있었다. 엘리자베스는 태어난 지 8개월이 되기도 전에 죽었다.

아기까지 죽으면서 그다음 1년은 몹시 고통스럽고 힘든 시기였다. 그 고통을 잊기 위해 루터와 카타리나는 하나님을 향한 사랑과 충성에 더욱 매달렸다. 아픈 마음이 루터의 고통과 병을 키웠고 그를 지치게 했지만, 그런 고통에도 루터는 하나님의 말씀을 열정적으로 전했다.

한편, 루터와 카타리나에게 자녀 교육은 가장 중요한 부분이었다. 루터가 느끼기에 여자아이 교육은 남자아이만큼 쉽지 않았다. 세상은 제대로 보호받지 못하는 젊은 여성에게 잔인하고 거친 곳이었다. 루터는 그동안 사회에서 여성들이 얼마나 상처받기 쉬운지를 봐 왔다.

'남자아이들은 직업을 얻고 열심히 일하면 잘 지낼 수 있어. 반면에 여자아이들은 똑같은 기회가 주어지지 않아서 누군가

가 돌봐 주거나 보호해 줘야만 해.'

이 생각이 들자 루터는 자신이 쓴 찬송가를 1절만이라도 아이들에게 가르치고 싶었다.

"이리 오렴, 나의 종달새 렌첸. 오빠랑 동생도 부르자꾸나. 우리는 함께 노래할 거야."

"오늘은 무슨 노래를 부를 거예요?" 종달새 렌첸이 물었다.

"이 노래를 불러 보자꾸나." 루터가 노래를 시작했다. "하늘 높은 곳에서 이 땅 위에 내가 왔다, 각 가정에 좋은 소식을 전하러, 큰 기쁨의 소식을 내가 가지고 이제 나는 말하고 노래하리라."

곧 한스, 루터, 파울Paul 그리고 가장 어린 마가레테Margarethe가 정원 저 끝에서 달려왔다. 루터는 류트를 꺼냈고 곧 가족 모두가 함께 음악으로 찬양하는 시간을 즐겼다. 루터는 찬송가의 마지막 부분을 부르고 감탄하며 외쳤다.

"하나님의 말씀 다음으로 세상에서 가장 위대한 보물은 고귀한 음악이야!"

"아빠, 제 기억으로는 가장 위대한 건 성스러운 결혼 생활이라고 하셨잖아요." 종달새 렌첸이 지적했다.

"맞아, 그러셨어." 카타리나가 웃으며 거들었다.

루터가 그들을 바라보며 웃었다. 가족 중에 루터를 바르게 잡아 주는 똑똑한 여자들이었다. 하지만 1542년, 종달새 렌첸으로 인해 삶의 밝은 빛이 흔들렸다. 심각한 병이 13살 소녀에게 찾아온 것이었다. 렌첸은 오래 버티지 못할 것이 분명했다.

병으로 고통받는 자녀의 모습은 부모 마음을 아프게 했다. 렌첸을 위로하려고 노력하면서 루터와 카타리나는 예수님의 도우심에 기댔고, 어린 딸에게도 예수님을 의지하라고 격려했다. 렌첸의 마지막 순간은 평안했다.

"나의 작은 종달새 렌첸. 아버지와 함께 있고 싶겠지만, 기꺼이 하늘의 아버지께로 가겠니?" 루터가 렌첸의 침대 곁에 무릎 꿇고 딸에게 물었다.

"사랑하는 아빠, 하나님의 뜻이라면 그럴게요." 종달새 렌첸이 대답했다.

이윽고 아이가 숨을 거뒀다. 루터는 어린 딸을 팔에 안은 채 눈물을 흘리며 사랑하는 딸을 하나님 아버지께로 보냈다.

"내 딸 렌첸은 이제 내 안에 있을 겁니다. 그리스도인으로서 다른 무엇보다도 영생을 믿습니다. 당신의 사랑하는 아들을 통해 우리에게 영원한 생명을 약속하신 하나님은 거짓말을 하지 않으십니다."

하나님은 진리의 말씀으로 고통과 질병 그리고 렌첸의 죽음이라는 커다란 슬픔에서 루터를 위로해 주셨다.

****

루터의 다른 슬픔 중 하나는 종교 개혁이 그가 바라던 개혁으로 끝나지 않았다는 점이었다. 대신, 교회는 종교 개혁을 통해 로마 가톨릭 교회와 지금의 개신교로 나뉘었다. 특정한 성경 말씀에 대해 의견이 다른 개혁자들로 인해 그 안에서도 분열이 있었다. 논란이 되는 것 중 하나는 성찬식에 관한 것이었다.

'빵과 포도주가 정말로 예수님의 살과 피였을까?'

루터는 그랬을 것이라 생각했고, 츠빙글리 Zwingli 같은 개혁자들은 그와 반대로 생각했다. 하지만 종교 개혁 지도자들 사이에는 화합하고자 하는 큰마음이 있었다. 비록 성찬식에 대한 생각은 달랐지만, 그들은 여전히 함께 예배드리고 예수님의 죽음과 부활에 감사드렸다.

이때부터 루터의 건강이 급격히 나빠졌다. 하지만 그는 어려움에 빠진 사람들에게 도움을 주기 위해 고향 아이슬레벤 Eisleben 으로 떠나야 했다. 루터는 사랑하는 카타리나의 간청에도 불구하고 두 아들과 함께 비텐베르크를 떠났다. 그는 여행 중에 아내에게 자주 편지를 썼으며, 매번 그가 뭘 먹었는지 적었다.

****

　1546년 2월 14일, 루터가 아내에게 또 편지를 썼고 그의 편지는 "나의 사랑하는 아내 카타리나 루터 폰 보라에게"라는 칭송으로 끝을 맺었다. 그는 아픈 곳은 없다고 썼지만 아마도 이것은 그의 바람이었을 것이다.

　루터는 그 후로 카타리나를 두 번 다시 보지 못했다. 그가 편지를 쓴 바로 그 날, 그는 교회에서 열정적으로 설교하다가 갑자기 건강이 악화돼 설교를 중단해야 했다.

　시간이 지나며 루터는 극심한 고통을 겪었다. 종교 개혁자 루터의 살 날이 얼마 남지 않았다는 것이 점점 확실해졌다. 그의 숨이 약해지자 누군가 곁에 와 무릎을 꿇고 물었다.

　"당신은 예수 그리스도와 당신이 설교했던 그 교리 곁에 서 있습니까?"

　"네." 루터가 눈을 가늘게 뜨고 겨우 대답했다.

　이 대답이 루터의 마지막 말이었다. 루터는 1546년 2월 18일, 63년 전에 그가 태어난 마을에서 숨을 거뒀다. 불꽃같은 개혁자의 마지막 모습이었다. 루터는 광부의 아들로 태어나 사제의 삶을 살았다. 그리고 이제 그의 부모님이 그에게 더 좋은 것을 꿈꾸기 시작하셨던 바로 그곳으로 돌아왔다. 분명한 것은 하나님께서 그의 부모님의 꿈보다 교회와 세계를 위한 더 좋은 계획을 갖고 계셨다는 것이다.

 이후 마틴 루터를 따르던 많은 사람이 그를 찾아왔다. 그리고 종교 개혁의 불씨가 된 「95개조 반박문」이 못 박혔던 비텐베르크 교회 가까운 곳에 그를 묻어 줬다.

하나님은 우리의 피난처시요 힘이시니
환난 중에 만날 큰 도움이시라

시편 46:1

더 생각해 보기

1️⃣ **여름 폭풍**

　루터는 천둥과 번개를 무서워했어요. 루터는 그럴 때 기도해야 한다는 것을 알았어요. 루터는 기도를 하면서 무슨 실수를 했나요? 마태복음 6장을 읽어 보세요. 예수님은 우리에게 어떻게 기도하라고 말씀하고 계신가요?

2️⃣ **교육, 교육, 교육**

　루터의 부모님은 그가 좋은 교육을 받기 원하셨어요. 하지만 인생에서 가장 중요한 것은 무엇인가요? 고린도전서 10:31, 시편 73:24-26, 요한복음 17:22, 24을 읽어 보세요.

3️⃣ **추기경들의 배**

　루터가 마그데부르크에서 본 그림은 무엇이 잘못됐나요?

우리는 어떻게 해야 정말로 천국에 가나요? 디모데후서 1:8-9, 에스겔 11:19, 요한복은 6:44-45, 빌립보서 2:13, 에베소서 3:5을 읽어 보세요.

④ 저녁을 위한 노래

루터는 죽은 성인들에게 기도했어요. 하지만 성경은 이렇게 말하지 않아요. 여러분은 기도가 무엇이라고 생각하나요? 시편 62:8, 10:17, 요한일서 5:14, 요한복음 16:23, 빌립보서 4:6을 읽어 보세요.

⑤ 또 하나의 폭풍

루터는 십계명을 배웠어요. 계명 중 하나는 '네 부모를 공경하라'예요. 성경은 우리가 부모님과 다른 사람들에게 어떻게 행동해야 하는지 가르쳐 주고 있어요. 에베소서 5:1, 5, 9, 21-22, 로마서 12:10, 13:1을 살펴보세요. 왜 이 계명을 지켜야 하나요? 에베소서 6:1-3을 읽어 보세요.

⑥ 두려움, 믿음 그리고 용서

로마서 1:17이 어떻게 루터를 변화시켰나요? 그는 이전에 무엇을 믿었나요? 로마서를 공부했을 때 그는 정의를 발견했어요. 예수 그리스도의 의가 우리 안에 거하고 하나님께서 우리에게 예수님을 따를 수 있는 믿음을 주심으로 말미암아 하나님께서 우리의 모든 죄를 값없이 사해 주시고 우리를 의롭게 여겨 주세요. 에베소서 1:7, 고린도후서 5:19, 21, 로마서 5:1, 17-19을 읽어 보세요.

7 악마의 현혹

루터는 어떤 사람도 스스로를 구원할 수 없다고 믿었어요. 여러분은 천국에 가기 위해 뭔가를 해야 한다고 생각하나요? 선한 일을 하는 것은 다른 사람들에게 하나님의 사랑을 보여 주기에는 좋지만 그것으로 구원에 이를 수는 없어요. 우리가 예수 그리스도의 구원을 믿을 때, 우리는 하나님의 사랑, 평화, 기쁨, 은혜와 인내 같은 좋은 것들을 보증받아요. 로마서 5:1-2, 5, 14:17, 골로새서 1:10-11, 에베소서 3:16-18, 베드로전서 1:5을 읽어 보세요.

8 늑대, 망치 그리고 분쟁

루터는 「95개조 반박문」에서 가난한 사람을 보고도 지나치면서 면죄부를 사는 사람은 교황의 사면이 아니라 하나님의 진노를 사는 것이라고 말했어요. 루터의 말과 누가복음 10장에서 예수님께서 하신 말씀이 어떻게 같나요?

⑨ 라이프치히 논쟁

루터는 그가 믿는 것에서 돌아서지 않았어요. 신앙을 지키는 것이 힘든가요? 여러분의 신앙은 하나님의 말씀을 따르고 있나요? 누가복음 9:62을 읽어 보세요.

⑩ 파면, 그러나 계속되는 출판

루터는 인쇄 기술을 잘 활용했어요. 하나님 나라를 위해 그리스도인이 사용한 다른 발명품들을 알고 있나요? 하나님의 말씀을 퍼뜨리기 위해 오늘날 우리가 사용할 수 있는 새 발명품이 있나요? 고린도전서 10:31을 읽어 보세요. 한 주 동안 여러분이 하는 여러 가지 일들을 통해서 어떻게 하나님께 영광을 돌릴 수 있을지 고민해 보세요.

⑪ 보름스 회의

루터는 보름스 회의에서 자신이 성경에 사로잡혔다고 말했어요. 여러분이 생각하기에 이 말은 무엇을 의미하고 있나요? 여러분에게는 하나님의 말씀이 얼마나 중요한가요? 잠언 30:5, 마가복음 7:13, 누가복음 4:4, 디모데후서 3:16, 요한복음 5:39을 읽어 보세요.

12 감금되지 않은 감금

"만약 이 한 권의 책이 모든 언어로 모든 사람의 손과 눈, 귀 그리고 심장에 들어가게 된다면 얼마나 좋을까!" 루터는 성경을 독일어로 번역한 후 이렇게 감탄했어요. 여러분은 성경이 성경을 어떻게 묘사하고 있는지 알고 있나요? 히브리서 4:12, 예레미야 23:29을 읽어 보세요. 그리고 위클리프 성경 번역 사이트(https://www.wycliffe.org)를 방문해서 얼마나 많은 언어가 아직도 완전한 성경을 갖고 있지 않은지 찾아보세요.

13 화목한 가정

사랑하는 딸 마그달레나가 죽은 후에 루터는 "그리스도인으로서 다른 무엇보다도 영생을 믿습니다. 당신의 사랑하는 아들을 통해 우리에게 영원한 생명을 약속하신 하나님은 거짓말을 하지 않으십니다"라고 말했어요. 여러분은 천국에 대해 무엇을 믿나요? 예수 그리스도가 누구라고 믿고 있나요? 요한복음 3:16, 17:3, 20:31, 마가복음 1:1, 10:29-31, 로마서 8:39, 디모데전서 2:5을 읽어 보세요.

마틴 루터 당시 지도

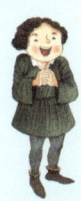

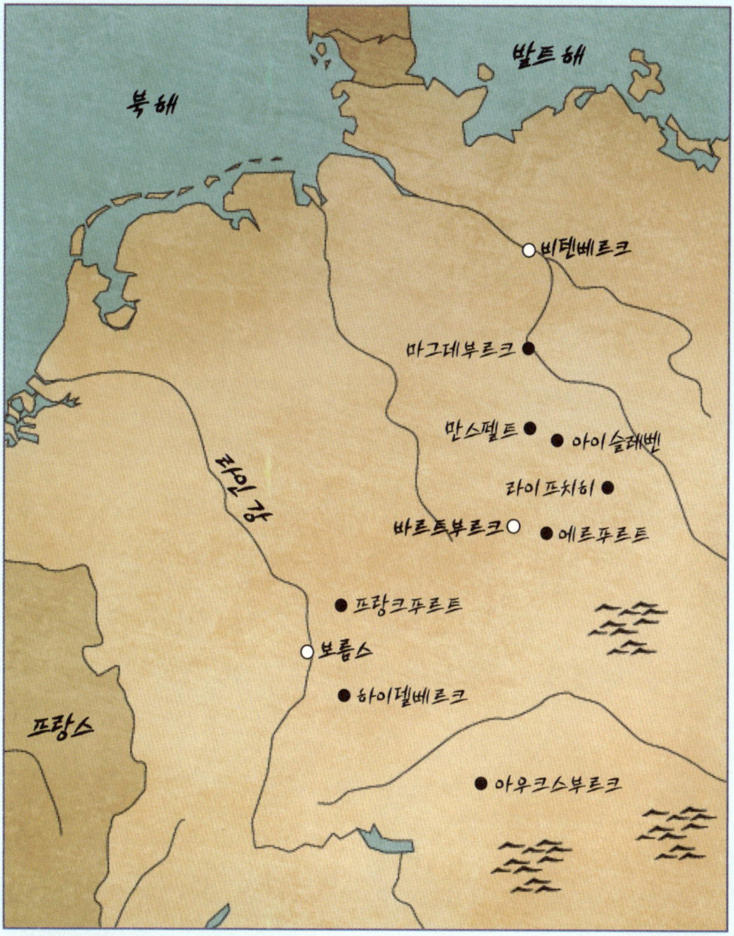

북해
발트 해
비텐베르크
마그데부르크
만스펠트
아이슬레벤
라이프치히
바르트부르크
에르푸르트
라인 강
프랑크푸르트
보름스
하이델베르크
프랑스
아우크스부르크

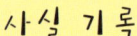
사실 기록

◆ 독일(Germany)

우리는 독일을 하나의 통합된 나라로 알고 있다. 하지만 1356년 독일에는 신성 로마 제국 황제인 카를 5세를 섬기는 군주들이 있었다. 이들은 선제후라고 불렸으며 총 7명이었다. 18세기에 신성 로마 제국은 대략 1,800개의 지역으로 이뤄져 있었다. 나폴레옹Napoleon이 몰락한 후, 39개의 독립국가가 자유로운 동맹을 맺어 독일 연방을 세웠다. 1871년, 독일 군주들이 독일 제국의 설립을 공표하고 오스트리아Austria를 제외한 모든 독일 지역을 하나로 통합했다. 이때, 베를린Berlin이 독일의 수도가 됐다.

◆ 신성 로마 제국(Holy Roman Empire)

중세 시대 초기에는 중앙 유럽 전역에 퍼져 있던 영토들이 하나의 큰 복합체로 묶여 있었다. 이는 교황 레오 3세Leo III

가 프랑크 왕국의 왕으로 즉위한 때인 800년 12월 25일부터 시작됐다. 962년 이후 제국의 가장 큰 영토는 보헤미아 Bohemia 왕국, 부르고뉴 Burgundy 왕국과 이탈리아 왕국을 포함하기는 했지만, 독일 왕국이 다른 세력권 중에서 가장 컸다. 독일의 군주 선제후들은 제국의 최고위 귀족들이었는데, 보통 그중 한 명이 교황으로부터 황제로 왕위를 받았다. 황제의 힘은 많은 군주와 영주, 주교 그리고 완전히 독립된 제국이었던 도시들에 의해 제한됐다. 신성 로마 제국은 1806년에 해체됐다.

◆ 유대인 논란(Jewish Controversy)

오늘날 사람들이 루터가 말했던 것 중 잘못된 것들에 대해서 논쟁을 하는 것이 있다. 예를 들어, 루터가 유대인들에게 대항하는 말들에 대해서 그렇다. 하지만 루터가 필요하다고 생각될 때는 독일 사람들에게도 강하게 얘기했다는 사실을 생각해야 한다. 그는 늘 날카로운 혀를 갖고 사람들을 대했다. 그래도 그는 항상 예수님과 하나님의 말씀을 사랑으로 전했고 유대인들을 포함한 모든 죄인이 예수 그리스도께 오기를 간절히 원했다. 아마도 그는 유대인 중에서 일부만 개종한 것이 답답해서 유대인들에게 거친 말들을 했던 것으로 보인다.

◆ 농민전쟁(The Peasants' War)

농민전쟁은 독일어를 쓰는 유럽 중부 지역에서 1524-1525년에 일어났던 반란이다. 이 반란으로 수십 만의 농민이 지배층이던 귀족들에게 학살당했다. 이 반란은 어떤 부분은 종교 개혁에서 영감을 받았다. 농민들은 종교 개혁자들이 대항하던 불의한 세력에 맞서 싸우려 했다. 하지만 루터는 농민들을 지지하지 못했는데, 그 이유는 그들이 평화를 깼기 때문이다. 그는 또한 지배 계층도 지지하지 못했는데, 그들이 자비를 보이지 않고 사람들을 잔인하게 진압했기 때문이다. 사람들은 루터의 이런 태도를 비난했다. 하지만 당시의 혼란스러운 시대에는 어떤 입장도 취하기 어려웠을 것이다.

◆ 성찬식(The Lord's Supper)

그리스도인들은 성찬식을 함으로써 예수 그리스도의 죽음과 부활을 기억한다. 로마의 가톨릭교와 루터교는 성찬식을 미사라고 표현한다.

로마 가톨릭 교회에서는 보이는 모습은 빵과 포도주지만 미사 의식 동안 빵과 포도주가 실제로 예수 그리스도의 살과 피가 된다고 믿는다.

종교 개혁 동안에 이 부분은 논란이 됐다. 로마 가톨릭 교회는 빵과 포도주가 한 번 예수 그리스도의 살과 피가 되면 그대로 남는다고 믿었다. 루터는 이 주장에 반대했다. 그는 또한 로마 가톨릭 교회가 미사를 드리는 것은 구원을 얻은 죄인이 해야 할 의식이라는 주장에도 반대했다.

물론 모든 개혁자가 성찬식에 대한 루터의 입장에 동의한 것은 아니다. 츠빙글리 같은 개혁자들은 루터에게 동의하지 않고, 누가복음 22:19에 근거해 빵과 포도주가 예수 그리스도의 살과 피를 대표하는 상징이라고 믿었다. 하지만 개혁된 교회들은 예수 그리스도가 성찬식에 영적으로 나타난다고 믿었다.

◆ 성직자의 직함과 지위(Ecclesiastical Titles and Positions)

교황은 로마 가톨릭 교회의 최고 지도자다. 로마 가톨릭 교회 안에는 계급이 있는데 교황 다음에 추기경이라는 계급이 있다. 추기경들은 교황이 지목하여 세워진다. 로마 가톨릭 교회에 있는 다른 지위들은 다음과 같은 순으로 돼 있다. 대주교, 주교 그리고 사제다. 사제는 로마 가톨릭 교회의 성찬을 집행할 권한이 있는 성직자의 일원이며, 주교는 사제들을 관리하는 상위 성직자다. 대주교는 일정 지역과 그 안에서 일어나는 모든 교회 문제의 권한을 가진 주교의 가장 높은 계급이다.

루터의 인용문

다음 글들은 마틴 루터의 『탁상담화: 루터의 인생, 교회 그리고 성경에 대한 의견』을 인용한 것이다.

◆ 그리스도인들에게 하나님의 말씀을 빼앗기거나 말씀이 위조돼서 더 이상 순수하게 성경을 보지 못하는 것만큼 큰 불행은 없습니다. 하나님은 우리와 우리 후손들이 그런 재앙을 당하도록 허락하지 않으십니다.

◆ 세상에서 어린아이는 상속자로 태어났기 때문에 상속자가 됩니다. 선지자 이사야의 말처럼, 오직 믿음도 우리가 태어나고 자라는 자궁인 말씀에서 거듭났으므로 하나님의 자녀가 되게 만들어 줍니다. 우리가 이처럼 태어나 하나님의 자녀가 됐으므로 우리 또한 상속자이고, 상속자로서 죄와 죽음과 마귀에게서 해방돼 영원한 삶을 상속받을 것입니다.

◆ 하나님께서 우리에게 화가 나시는 것이 우리가 하나님께 화가 나는 것보다 낫습니다. 왜냐하면 하나님은 자비로우신 분이시므로 금방 화를 풀고 우리와 다시 회복하실 수 있기 때문입니다. 하지만 우리가 하나님께 화가 나면 어찌 해볼 도리가 없게 됩니다.

◆ 하나님은 우리가 시험을 받는 것을 기뻐하시면서도 싫어하십니다. 기뻐하시는 이유는 시험이 우리를 기도하게 만들기 때문입니다. 싫어하시는 이유는 우리가 시험에 져서 절망에 빠지기 때문입니다.

◆ 사도 바울은 "하나님은 한 분이시요 또 하나님과 사람 사이에 중보자도 한 분이시니 곧 사람이신 그리스도 예수라 그가 모든 사람을 위하여 자기를 대속물로 주셨으니" 딤전 2:4-6. 그러므로 어떤 사람도 이 중보자와 대제사장과 대언자이신 그리스도 예수 없이 하나님 앞에 나아가거나 하나님의 은혜를 구할 수 없습니다.
즉, 선한 일이나 정직한 삶 또는 거룩해지는 것들을 통해서 하나님의 진노를 그치게 하거나 죄 사함을 얻을 수 없다는 뜻입니다. 이것들을 통해 죄의 용서를 얻으려고 했던 성인들은 하나님의 의의 기준에 미치지 못했으므로, 사람들은 그 성인들을 통해 하나님 앞에 의롭다 함을 받을 수 없음이 확실합니다. 더 나아가 하나님께서 우리 죄에 얼마나 크게 진노하시는지 우리는 잘 압니다. 그 진노는 세상의 어떤 희생이나 제물로 그치게 할 수 없습니다. 오직 하나님의 아들이 흘리신 거룩한 피로만 잠잠하게 할 수 있습니다.

◆ 예수 그리스도께서 말씀하실 때, 작은 소리로 속삭이실지라도 온 땅과 하늘을 다 감싸실 수 있을 정도로 권위가 있습니다. 황제의 말에는 힘이 있다고 하지만 예수 그리스도의 말씀에는 우주 전체를 다스릴 힘이 있습니다.

◆ 그리스도인은 하나님의 말씀으로 제대로 무장하고, 배우고, 준비돼 있어야만 마귀와 그의 세력이 다른 교리를 받아들이라고 협박할 때 견고히 서서 신앙을 지키고 스스로 악에 맞설 수 있습니다.

◆ 참된 그리스도인들은 항상 입으로 하지는 않녀라도, 자려고 누울 때나 깨어 있을 때 마음으로 계속해서 쉬지 않고 기도합니다. 진정한 그리스도인에게는 탄식조차 기도입니다.

◆ 우리 주 하나님은 고난과 환난, 위험 속에 함께 계시는 겸손

의 하나님이십니다. 우리는 그분의 마음을 헤아릴 수 없습니다. 만약 우리가 강했다면 우리는 스스로 자랑스럽게 여기고 오만했을 것입니다. 하나님은 우리의 약함에 능력을 공급해 주십니다. 하나님은 꺼져 가는 심지도 끄지 않으시고 상한 갈대도 꺾지 않으시는 분입니다 마 12:20.

◆ 이웃을 향한 사랑은 신부와 신랑의 순결하고 순수한 사랑처럼 모든 잘못을 덮어 주고, 함께 책임지며, 오직 존중하는 것이어야 합니다.

◆ 여러분은 예수 그리스도를 믿습니까? 그렇다면 복음을 담대하게 말할 것입니다. 여러분은 복음을 담대하게 말하고 있습니까? 그렇다면 반드시 고난을 받게 될 것입니다. 여러분은 고난을 받고 있습니까? 그렇다면 위로를 받게 될 것입니다. 믿음에는 십자가가 함께 뒤따르기 때문입니다.

◆ 하나님께서 우리에게 원하시고 가장 기쁘게 받으시는 예배는 찬양입니다. 하지만 사랑이 없는 찬양은 하나님께서 받지 않으십니다. 그러면 하나님을 사랑으로 찬양하는 사람은 누구입니까? 하나님께서 주신 은혜를 깨닫고 인정하며, 그리스도를 통해서 죄 사함을 얻었음을 아는 성도들입니다.

 마틴 루터 연대표

1483	독일에서 출생함
1484	루터 가족이 만스펠트로 이사함
1497	만스펠트에 있는 학교에서 마그데부르크 학교에 감
1498	아이제나흐에 있는 학교에 감
1501	에르푸르트 대학에 입학함
1505	석사학위를 받고 1505년 7월 17일에 성 아우구스티누스 수도원에 들어감
1507	사제(정식 수도사)로 임명받음
1508	슈타우피츠가 신학을 가르치라고 루터를 비텐베르크로 보냄
1512	신학박사 학위를 받음
1516	성 아우구스티누스 수도원 11개의 교구장이 됨
	교황청에서 면죄부를 팔기 위해 요한 테첼을 독일로 보냄
1517	「95개조 반박문」을 비텐베르크 성당 문에 못 박음
1518	아우크스부르크에서 로마 교황의 특사를 만남
	하이델베르크에서 열린 총회에 참석함
1519	반박문이 프랑스어, 영어 그리고 이탈리아어로 번역됨

	갈라디아서와 시편 해설서(주석)를 출판함
1520	라이프치히에서 논쟁을 함
	「독일의 기독교인 귀족에게 보내는 글」, 「교회의 바벨론 포로」, 「그리스도인의 자유」를 출판함
1521	보름스 회의가 열림
	바르트부르크 성에 피신함
1522	비텐베르크로 돌아와 신약 성경을 독일어로 번역 및 출판함
1525	에라스뮈스에 대한 응답으로 「의지의 속박」을 출판함
	카타리나 폰 보라와 결혼함
1526	첫째 아들 한스를 낳음
1527	첫째 딸 엘리자베스를 낳음
1528	첫째 딸 엘리자베스가 사망함
1529	둘째 딸 마그달레나를 낳음
1531	둘째 아들 마틴을 낳음
1533	셋째 아들 파울을 낳음
1534	막내딸 마가레테를 낳음
	독일어로 된 신구약 성경을 출판함
1542	둘째 딸 마그달레나가 13세의 나이로 사망함
1546	2월 18일에 마틴 루터 사망함

프리셉트 어린이 신앙전기 도서

프리셉트 어린이 신앙전기 ❶
파란 눈의 중국인 선교사 **허드슨 테일러**

중국인들의 친구가 된 허드슨 선교사의 이야기. 그는 어려움에 닥칠 때마다 하나님을 의지하며 기도의 힘으로 이겨 냈다. 값 12,000원

프리셉트 어린이 신앙전기 ❷
고아들의 영웅 **조지 뮬러**

고아들을 돌보며 영혼을 구원하는 일에 전념했던 조지 목사. 그가 행한 섬김의 삶이 얼마나 복된 것인지 볼 수 있다. 값 8,000원

프리셉트 어린이 신앙전기 ❸
고통 속에서 희망을 노래하는 **코리 텐 붐**

나치가 지배하던 세상은 증오심으로 미쳐가고 있었다. 그 속에서 코리는 말씀을 통해 희망을 노래할 수 있었다. 값 7,500원

프리셉트 어린이 신앙전기 ❹
달리기 챔피언 선교사 **에릭 리들**

에릭은 주일에 달릴 수 없다는 이유로 경기를 포기했다. 대신 그는 하나님의 인도하심으로 크나큰 영광을 받게 된다. 값 8,000원

프리셉트 어린이 신앙전기 ❺
꿈과 열정의 전도자 **빌 브라이트**

평생 뜨거운 전도의 열정을 품고 세계를 누빈 빌 브라이트. 그의 삶은 실천하는 참된 신앙인이란 무엇인지 보여 준다. 값 10,000원

프리셉트 어린이 신앙전기 ❻
살아 있는 순교자 **리처드 범브란트**

리처드는 핍박을 당하는 상황에서도 모든 사람을 하나님의 사랑으로 용서했다. 또한 믿음을 지키며 그들을 위해 기도했다. 값 8,000원

프리셉트 어린이 신앙전기 ❼
종교 개혁의 횃불을 든 **마틴 루터**

루터의 용기 있는 신앙이 타락한 교회를 주님만을 바라보는 교회로 변화시켰고, 성경이 말하는 진리를 깨닫게 했다. 값 12,000원

프리셉트 어린이 신앙전기 ❽
열정의 복음 전도자 **디엘 무디**

하나님은 열정으로 가득한 무디를 통해 사람들에게 말씀을 전하셨으며, 오랫동안 방황하던 영혼들을 새롭게 변화시키셨다. 값 10,000원

프리셉트 T. 02-588-2218 | www.precept.or.kr

프리셉트 어린이 신앙전기 도서

프리셉트 어린이 신앙전기 ❾
버마를 구한 하나님의 사람 **아도니람 저드슨**
최초의 미국인 선교사 아도니람 저드슨. 하나님은 그의 재능을 사용하셔서 많은 버마인을 주님의 품으로 인도하셨다. 값 8,000원

프리셉트 어린이 신앙전기 ❿
어둠을 밝힌 위대한 종교 개혁가 **존 칼빈**
종교 개혁의 기틀을 마련한 신학자 존 칼빈. 그는 세상을 향해 빛을 비추는 진정한 믿음의 삶이란 무엇인지 알게 해준다. 값 10,000원

프리셉트 어린이 신앙전기 ⓫
천로역정을 저술한 믿음의 순례자 **존 번연**
회심 후 강한 믿음을 가진 존 번연은 평생 설교에 매진했으며, 그가 집필한 『천로역정』은 지금까지 사랑을 받고 있다. 값 9,800원

프리셉트 어린이 신앙전기 ⓬
나치에 저항한 행동하는 양심 **디트리히 본회퍼**
주님은 본회퍼에게 믿음을 위해 저항할 용기를 주셨다. 그는 하나님께서 주시는 힘으로 나치 정권에 끝까지 맞섰다. 값 9,000원

프리셉트 어린이 신앙전기 ⓭
부흥의 불꽃을 일으킨 천재 신학자 **조나단 에드워즈**
조나단은 모든 순간 하나님의 영광을 선포하고자 했다. 그는 결국 주님의 도우심으로 실천하는 신앙인이 될 수 있었다. 값 9,800원

프리셉트 어린이 신앙전기 ⓮
위대한 복음의 밀수꾼 **브라더 앤드류**
철의 장막을 뚫고 성경책을 몰래 배달한다는 사역은 쉽지 않았다. 그러나 복음을 전하기 위해서는 포기할 수 없는 일이었다. 값 9,800원

프리셉트 어린이 신앙전기 ⓯
노예상인 출신 복음 전도자 **존 뉴턴**
노예무역선 선장이었던 존 뉴턴은 하나님의 은혜를 깨닫고 자기 모습을 반성했다. 이후 그는 목회자가 되어 노예제 폐지에 힘썼다. 값 10,000원

프리셉트 어린이 신앙전기 ⓰
노예제 폐지를 이끈 영국의 양심 **윌리엄 윌버포스**
영국 하원의원인 윌리엄 윌버포스는 신앙에 변화를 겪은 후 노예무역 폐지를 위해 헌신했으며, 전 세계 노예제 폐지에 큰 영향을 미쳤다. 값 12,000원

프리셉트 어린이 클래식 도서

프리셉트 어린이 클래식 ❶

부활

이 책은 러시아의 대문호 톨스토이의 대표작 중 하나로, '성경대로 사는 삶이 결국 승리하는 삶'이라는 전제에서 출발하고 있다. '나의 작은 행동이 미래의 나와 타인에게 큰 영향을 미칠 수 있다'는 교훈을 갖게 할 것이다.
■ 톨스토이 지음 | 값 10,000원

프리셉트 어린이 클래식 ❷

어린이를 위한 **벤허**

이 책은 친구의 배신으로 복수심에 불타던 벤허가 예수님을 만나면서 진정한 사랑을 깨닫는 이야기다. 흥미진진한 벤허의 삶을 따라가다 보면, 어느새 어린이들이 그 속에서 진리 되신 예수님을 발견하게 될 것이다.
■ 루 월리스 지음 | 값 8,000원

프리셉트 어린이 클래식 ❸

어린이를 위한 **천로역정**

이 책은 크리스천 가족의 천국 여행기를 통해 아직 믿음과 신앙의 삶이 어떤 것인지 잘 알지 못하는 우리 아이들에게 강한 용사의 삶을 살아가도록 도와주는 소중한 기회를 제공할 것이다.
■ 존 번연 지음 | 값 7,500원

프리셉트 T. 02-588-2218 | www.precept.or.kr

프리셉트 어린이 추천 도서

The Amazing Expedition Bible
놀라운 성경 탐험

이 책은 성경말씀과 세계의 역사를 병행하여 만든 새로운 방식의 성경책으로, 58가지의 성경 이야기가 시대순으로 재미있게 재구성되어 있다. 이를 통해 어린이들은 성경의 많은 사건들을 살펴보고, 각 이야기들이 흘러가는 과정을 보며 하나님의 말씀에 흥미를 가지게 될 것이다.

■ 메리 홀링스워스 지음 | 값 15,000원

나의 사랑하는 성경

흥미로운 성경 이야기와 다채로운 그림을 통해 어린이들이 말씀에 친숙하게 다가가도록 도와주는 어린이 성경이다. 이해하기 쉽게 해석된 성경 이야기를 접하며 우리 아이들의 신앙이 자라게 될 것이다.

■ 오대희 지음 | 구약 · 신약(각 권) 값 12,000원

프리셉트 T.02-588-2218 | www.precept.or.kr

종교 개혁의 햇불을 든

마틴 루터

| 지은이 | 캐서린 맥켄지
| 옮긴이 | 박상현
| 그린이 | 권영묵

| 초판 1쇄 | 2017년 9월 9일
| 초판 3쇄 | 2025년 4월 1일

| 발행인 | 김경섭
| 국제총무 | 최복순
| 총무이사 | 김현욱
| 편집부 | 고유영(편집실장), 김성경, 김지혜
| 인쇄 | 영진문원

| 발행처 | 프리셉트선교회
| 등록번호 | 108-82-61175
| 일부총판 | 생명의말씀사 Tel. (02) 3159-7979 Fax. 080-022-8585

| 주소 | 서울특별시 서초구 청룡마을길 8-1(신원동) (우) 06802
| 전화 | (02) 588-2218   팩스 | (02) 588-2268
| 홈페이지 | www.precept.or.kr
국민은행 431401-04-058116(프리셉트선교회)
2017 ⓒ 묵상하는사람들

값 12,000원
ISBN 978-89-8475-721-9 74230
       978-89-8475-645-8 74230(세트)

독자 여러분의 의견을 기다립니다.
(02) 588-2218 / pmbook77@naver.com